FACULTÉ DE DROIT DE L'UNIVERSITÉ DE PARIS

LA TRAITE

ET

LE DROIT INTERNATIONAL

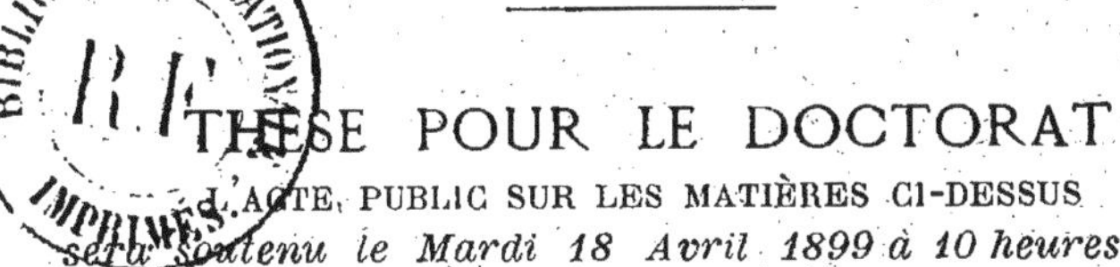

THÈSE POUR LE DOCTORAT

L'ACTE PUBLIC SUR LES MATIÈRES CI-DESSUS
sera soutenu le Mardi 18 Avril 1899 à 10 heures.

PAR

HENRY DE MONTARDY

Avocat à la Cour d'appel de Paris
Diplômé de l'Ecole libre des Sciences politiques

Président : M. RENAULT, *professeur.*
Suffragants { MM. LAINÉ, *professeur.*
PIÉDELIÈVRE, *agrégé.*

PARIS

V. GIARD & E. BRIÈRE

LIBRAIRES-ÉDITEURS

16, rue Soufflot, 16

1899

THÈSE

POUR

LE DOCTORAT

LA TRAITE

ET

LE DROIT INTERNATIONAL

THÈSE POUR LE DOCTORAT

L'ACTE PUBLIC SUR LES MATIÈRES CI-DESSUS
sera soutenu le Mardi 18 Avril 1899 à 10 heures.

PAR

HENRY DE MONTARDY

Avocat à la Cour d'appel de Paris,
Diplômé de l'Ecole libre des Sciences politiques.

Président : M. RENAULT, *professeur.*
Suffragants { MM. LAINÉ, *professeur.*
PIÉDELIÈVRE, *agrégé.*

PARIS

V. GIARD & E. BRIÈRE

LIBRAIRES-ÉDITEURS
16, rue Soufflot, 16

1899

INTRODUCTION

Esclavage antique. — Il est la base de la Société économique.
— Comment il se recrute. — Tempéraments qu'il reçoit par
la loi et par les mœurs. — Sa transformation en servitude
de la glèbe. — Le serf au moyen âge. — Le salariat moderne, terme de l'évolution.

INTRODUCTION

L'esclavage a été la loi générale des peuples de
l'antiquité. Pour que l'idée de l'esclavage vienne
aux hommes, certaines conditions sont nécessaires, et elles peuvent se résumer en une seule : la
possibilité de tirer de l'esclave un parti avantageux. Si cette possibilité manque, on aime bien
mieux à la guerre tuer le vaincu que l'asservir.
Souvent même, après l'avoir tué, on le mange et
chez les races sauvages, ce sont ces festins de can-
nibalisme, qui couronnent et sanctionnent la victoire. Le travail des captifs, leur utilisation
comme valeur d'échange ne s'opère guère avant
que la population ne soit devenue pastorale.

La guerre est donc la source principale de l'esclavage, l'ennemi dont on s'empare à qui on laisse
la vie est fait esclave. L'hérédité le perpétue pour
les nations vaincues.

A Rome, et à Athènes, dans cette société organisée en vue de la guerre, l'esclave est considéré
comme étant socialement nécessaire.

Les citoyens, les hommes libres avaient autre chose à faire que de s'adonner aux opérations mécaniques, de développer l'activité économique comme moyen d'enrichissement. Le plus sûr moyen de développer la puissance nationale n'était-il pas la conquête, l'asservissement (1). L'esclave devient un des éléments constitutifs de la famille antique, c'est-à-dire de cette unité économique, de cette entité collective qui se suffit à elle-même ayant le moins possible recours aux autres entités. La consommation de la famille antique est surtout alimentée par sa propre production ; or le grand, presque l'unique facteur de cette production est l'esclave.

Aucune liberté n'existe plus pour lui ; il est une chose, la chose de son maître ; on le range au nombre des instruments avec les animaux domestiques auxquels on peut l'assimiler.

Aristote ira jusqu'à dire que cette identification de l'homme à l'animal est utile et juste en soi.

« C'est la nature, dit-il, qui par des vues de conservation a créé certains êtres pour commander et d'autres pour obéir, l'être doué de raison doit commander, celui qui ne dispose que de facultés corporelles doit obéir, c'est par là que l'intérêt du maître et de l'esclave s'identifie. »

1. « *Pigrum et iners videtur sudore acquirere quod possis sanguine parare.* » Tacite.

Et ailleurs il ajoute « qu'on est esclave par nature, et que celui-ci doit obéir, au maître comme le corps obéit à l'âme ».

C'est enfin Justinien qui déclare que : « les esclaves sont au pouvoir du maître, pouvoir qui vient du droit des gens, car on peut remarquer que chez tous les peuples uniformément, les maîtres ont sur les esclaves, le pouvoir de vie et de mort, et tout ce qui est acquis par l'esclave appartient au maître. »

Donc, pour les anciens, l'esclavage est naturel, il est nécessaire, car il est la base même de la société. L'homme n'est complet que dans l'association domestique, et cette association comprend trois êtres : l'homme qui commande la famille, la femme qui la perpétue, et l'esclave qui la sert.

Que l'institution pût disparaître jamais, c'était une idée qui ne venait à personne. Quand les esclaves essayaient de secouer leur joug, c'était seulement dans l'espoir de le rejeter sur d'autres épaules. Ils étaient las de souffrir mais dans leur cœur il n'y avait pas plus d'humanité que dans celui de leurs maîtres.

Mais comment fournir à cette demande incessante d'esclaves soit pour les services de l'Etat, soit pour ceux des particuliers à la ville et à la campagne ? Nous en trouvons les moyens formulés dans toutes les constitutions politiques, dans la jurisprudence, la législation pour acquérir ou aliéner la personne humaine. Nous les trouvons encore dans le droit pénal comme un châtiment légal, et dans le droit des gens comme conséquence de la victoire qui permettait au vainqueur de charger de fers le vaincu.

La piraterie était devenue le commerce le plus lucratif et le plus suivi. Des chevaliers, les plus grands noms de Rome, équipaient des vaisseaux, organisant aussi des arsenaux, des ports, des flottes, et allaient s'emparant non seulement des vaisseaux perdus sur l'étendue des mers, mais s'attaquant encore aux villes : plus de 400 avaient été ainsi occupées par les pirates.

Les guerres et les conquêtes incessantes, jetaient sur les marchés romains des foules d'esclaves. Les marchands qui suivaient les armées, convoqués la plupart du temps par le général, achetaient les captifs soit directement de la République soit des soldats auxquels les généraux les avaient donnés comme part de butin. A défaut de ces occasions les marchands parcouraient les pays étrangers d'où l'homme se pouvait exporter avec profit. Carthage qui avait des esclaves comme Tyr, en faisait aussi un commerce. L'Espagne, la Gaule aussi avaient leurs esclaves et l'on sait avec quel entraînement le Germain, quand il avait tout perdu au jeu, jouait sur un dernier coup de dé sa liberté.

Mais les marchands visitaient surtout les royaumes asiatiques. Quand leur assortiment était complet, ils venaient en certains lieux particulièrement à Delos, dont le marché plus central effaçait tous les autres comme entrepôt.

Rome était le plus grand et le plus brillant des marchés. Les esclaves à vendre étaient exposés sur une petite plate-forme ; leurs pieds étaient peints en blanc, c'était le signe de la servitude. Les prisonniers de guerre portaient une couronne. Parfois un écriteau suspendu au cou énonçait l'origine, les qualités, les aptitudes de l'esclave à vendre. Pour le commun des esclaves, la vente se faisait en public ; mais pour les esclaves de choix, l'affaire se concluait dans la boutique des marchands. Un double impôt devait être payé à l'Etat : 1° le droit d'importation et d'exportation (*Portorium*) ; 2° le droit de vente (*Vectigal*). Le premier était affermé aux Publicains ; on devait leur faire déclaration de tous les esclaves qu'on amenait.

Mais, peu à peu la situation de l'esclave devait aller s'adoucissant et son trafic trouve dans la législation une certaine réglementation. Une première cause qui devait atténuer les rigueurs de l'esclavage était l'identité de race des maîtres et des esclaves. Les premiers esclaves qu'on eut à Rome provenaient des peuples voisins et congénéres, ce qui constituait une certaine communauté d'aspirations et de besoins.

De plus, le petit nombre d'esclaves et la difficulté de se les procurer devait les faire considérer comme une marchandise assez rare qu'on cherchait à épargner. Grâce à la communauté du travail du maître et de l'esclave, grâce à la vie domestique, à l'initiation aux événements de la vie de famille, l'esclave en devint comme un membre inférieur.

Sous Auguste, une loi Patronia défendit aux maîtres de livrer leurs esclaves aux bêtes sans un juste motif qui devait être approuvé par le magistrat. Claude décida que les maîtres qui abandonneraient leurs esclaves malades pour se dispenser de les soigner perdraient leur droit de propriété. Enfin sur eux une constitution d'Antonin de Pieux punit le maître qui aura tué un esclave sans justes motifs, de la même peine que celui qui tue l'esclave d'autrui, c'est-à-dire de la déportation ou de la mort. L'esclave maltraité avait le droit de demander à être vendu, et dans ce cas la loi lui donnait un défenseur d'office. L'esclave en butte à des sévices trop graves avait la ressource des asiles religieux, des temples, des autels, des bois sacrés.

D'un autre côté, le monde des gens de lettres, qui se piquait de suivre les leçons des Grecs, traitait l'esclave avec douceur et humanité. Déjà Cicéron et

Atticus pratiquent ces maximes nouvelles. Plus tard Sénèque et Pline le jeune expriment dans un langage élevé les idées qui tendent à se faire jour dans la société d'abord (1). Mais peu à peu cette vaillante race Plébéienne et libre qui avait posé les fondements de la grandeur de Rome avait disparu. L'esclavage après l'avoir amoindrie et dégradée l'avait transformée, et si la situation de l'esclave n'avait point changé en droit, en fait celui-ci avait conquis beaucoup d'indépendance.

Aux premières secousses de l'invasion barbare, on sent qu'une condition nouvelle du travail se fait jour, remplaçant à peu près complètement l'esclavage qui disparaissait vers le XIIIe siècle. Les guerres Normandes, les famines et les épidémies avaient fait périr un grand nombre d'esclaves. La guerre ne les recrutait plus comme autrefois ; cette classe d'hommes ne put se reconstituer. Les croisades vinrent ensuite appeler à la liberté les esclaves qui y prirent part, et la pitié, la commisération relâchèrent les liens de la servitude.

La période de conquête et d'annexion étant terminée laissant place à la période agricole, alors surgit le servage. Sa caractéristique est que l'homme n'est plus arraché à sa résidence primi-

___

1. « *Errat qui existimat, servitutem in totum descendere, pars melior ejus excepta est ; corpora obnoxia sunt et adscripta dominis, mens quidem sui generis.* » Pline.

tive et transplanté là ou là, il fait partie intégrante du domaine qu'il cultive, peut s'y constituer en famille durable, s'y créer un foyer, y acquérir des intérêts. Cet état intermédiaire entre la servitude et la liberté était du reste beaucoup plus avantageux au seigneur, car avec le serf point de capital, peu de surveillance et avec cela plus de travail et plus de produit.

Mais cette forme de servage s'adoucit elle-même peu à peu, et l'on put voir autour des abbayes se grouper ces heureuses populations de colons et de serfs agricoles qui jouissaient d'une aisance presque comparable à celle des paysans de nos jours.

Enfin la royauté reprenant la prépondérance donne aux seigneurs l'exemple de l'affranchissement et lui communique un irrésistible élan en favorisant ce grand mouvement religieux et populaire d'où sortit l'émancipation des communes.

Le moment viendra enfin où toutes les couches serviles bénéficieront de cet élan d'émancipation qui soufflant à tout les vents affranchira successivement les serfs et les communes. Le progrès sera lent, il ne touchera d'abord qu'un petit nombre ; puis un plus grand se rachètera et s'élèvera. Mais tandis que l'homme est libre, la terre est encore serve, c'est-à-dire accablée de cens et de redevances, il faudra de nombreux efforts pour l'affranchir à son tour et il faut attendre la nuit du 4 août 1789 pour voir disparaître devant un vote des députés des 3 ordres sur la proposition du duc de la Rochefoucauld tous les vieux restes de la servitude.

En interrogeant donc le genre humain tout entier; nous voyons l'esclavage naître durant la période encore bestiale de l'évolution sociale et commencer par faire de l'esclave d'abord un animal de boucherie, puis une bête de somme sur laquelle le maître a tous les droits.

Dans une deuxième phase, l'esclave est devenu serf ; alors le maître a revendiqué surtout une part aussi grande que possible des fruits de son travail, mais en allégeant le joug qui pesait sur la personne même.

Pour être complet, il nous faut signaler une troisième étape accomplie par cette évolution, c'est jusqu'ici la dernière : nous voulons parler du salariat. C'est surtout du travail industriel qu'il est né. La personne de l'artisan est, en principe, libre, mais pour vivre force lui est d'aliéner, chaque jour sa liberté de principe et de s'astreindre aux plus durs, parfois, aux plus dangereux labeurs ; cette obligation est inéluctable, elle a pour sanction l'abandon et la mort.

Telle est donc l'évolution générale de l'esclavage qui a été toujours en s'allégeant. De celle-ci on peut déduire que toujours jusqu'à notre époque le labeur manuel indispensable à la société a été accompli par une classe nombreuse de travailleurs au profit d'une minorité et que l'évolution des peuples vers le progrès social se fait avec lenteur où rapidité suivant que leurs dispositions originelles les rendent plus enclins où plus rebelles à secouer la torpeur morale et intellectuelle des premiers âges.

Les grandes réformes sociales exigent pour s'accomplir un laps de temps proportionnel à leur grandeur même. Quel sera l'avenir du salariat ? Quelles seront les modalités futures de ce que M. Jaurès appelle « ce servage économique qui ravale les individus humains à la dépendance, à la passivité des choses » (1).

Comment les citoyens, les producteurs, pourront-ils échapper à cette nécessité jusqu'ici inéluctable du salariat ? Un seul moyen, nous répond M. Jaurès : c'est que tous ceux-ci (2) « soient admis par une transformation sociale à la copropriété des moyens de production », et ainsi continue-t-il ils se verront (3) « assurés de retenir pour eux-mêmes tout le produit de leurs efforts, assurés aussi d'exercer leur part de direction et d'action sur la conduite du travail commun. »

1. *Revue de Paris*, du 1ᵉʳ décembre 1898. Article intitulé : Socialisme et Liberté, p. 486.
2. *Loc. cit.*
3. *Revue de Paris, loc. cit.*

Quand donc luira ce jour béni et tant attendu (1)
où « l'éducation universelle, le suffrage universel
la propriété universelle qui sont le vrai postulat humain » feront « de chaque citoyen, un droit vivant
égal à tous les autres droits, une volonté vivante
égale à toutes les autres volontés » ?

Jusqu'ici nous avons répondu que ceux qui rai-
sonnaient ainsi se rapprochaient plus du monde
des hypothèses, des rêves et de cette cité des esprits, dont Leibniz a si magnifiquement parlé, que
du monde de la réalité de la vie et de bases solides
et profondes de l'ordre économique.

Que sera l'évolution nouvelle, quelle sera son
orientation, quelles réformes produiront les idées
rajeunies de liberté et de solidarité humaine ? ne
serons-nous point obligés un jour de confesser nos
erreurs et d'avouer que ce que nous traitions de
chimère et d'aberration, était la nécessité évidente
la vraie voie où devaient s'engager tous nos efforts ?

A toutes ces troublantes questions l'avenir seul
pourra apporter sa réponse certaine et indiscutée.

1. *Revue de Paris,* du 1ᵉʳ décembre 1898. Article intitulé : Socialisme et Liberté, p. 499.

PREMIÈRE PARTIE

LA TRAITE COLONIALE

CHAPITRE PREMIER

DE LA TRAITE

Origine de la Traite — Sa définition. — Sa distinction de l'esclavage — Son développement dans les nations européennes.

CHAPITRE PREMIER

L'église primitive avait préparé au moment de l'écroulement de l'empire romain une révolution. Elle s'était attachée tout en maintenant provisoirement les esclaves sous la tutelle du maître, à apprendre à ce dernier à les considérer comme des frères et des égaux, à les pousser doucement dans la voie des affranchissements de plus en plus nombreux. Elle appela les esclaves aux sacrements, au sacerdoce, à la sépulture chrétienne en même temps et au même titre que leurs maîtres : « nous avons tous été baptisés en un seul esprit, dit saint Paul, et formés en un seul corps juifs et gentils, esclaves et libres. » Dès lors l'esclave était relevé : ayant des autels, un foyer, il redevenait une personne, un travailleur libre.

L'esclavage était frappé à mort, il n'avait plus de raison d'être, puisque l'esclave est reconnu capable de tous les droits inhérents à la personne humaine. Mais tandis que le christianisme battait ainsi en brèche l'esclavage, celui-ci, chassé de l'Occident, renaissait sur le continent noir escorté de la traite, ce hideux commerce de chair humaine que Mirabeau flétrissait si énergiquement lorsqu'il donnait aux vaisseaux négriers le nom de « cercueils ambulants ».

Il ne faut point confondre l'esclavage avec la traite, ce serait confondre le moyen avec le résultat. L'esclavage est une forme de travail employée sur tel continent par telle nation. Par la traite se recrute principalement l'esclave. Ce sont quoique distinctes, deux questions d'un même ordre, absolument connexes et dépendantes, car l'esclavage est la raison d'être de la traite, c'est parce qu'il ne se suffit pas à lui-même qu'il appelle la traite à son aide.

Le problème de l'abolition de l'esclavage se compose donc de deux termes : la suppression de la traite et la suppression de l'esclavage. Le progrès ne peut se compléter s'il ne se réalise à la fois dans les deux termes.

Bien des faits semblent démontrer qu'en Italie le commerce des esclaves s'est continué longtemps et que les républiques italiennes ont protégé jusqu'au milieu du XVIe siècle les propriétaires de chair humaine (1). Les Vénitiens qui n'avaient

1. Bulles Papales du XIIIe siècle se rapportant à des Irlandais venus en Italie.

plus les croisades de pèlerins soldats à transporter d'Europe en Palestine et de Palestine en Europe, imaginèrent alors d'acheter des captifs en Tunisie, puis de les revendre dans divers ports d'Asie.

Mais là où la traite allait atteindre son plus grand développement ce fut chez les Espagnols et les Portugais. Ceux-ci eurent particulièrement à souffrir de l'esclavage mahométan. La contagion de l'exemple exerça sur eux une influence funeste et ils exercèrent les mêmes traitements et sur les musulmans et sur les païens.

Alors qu'il n'y avait plus d'esclaves en Europe, on vendait des nègres à Lisbonne et à Séville. Les Maures, faits prisonniers, sont troqués dans la Guinée supérieure contre des noirs, opération fructueuse qui, souvent reprise, fut considérablement accrue.

En 1554, ce commerce reçut même une haute sanction. Le 8 janvier de cette année, le pape Nicolas V, constatant que les nègres faits prisonniers ou achetés se convertissent, émet l'espoir que ces conversions se multiplieront : c'était encourager la traite.

Mais la traite avec son caractère particulièrement odieux ne s'est véritablement généralisée et étendue qu'après le 12 octobre 1472, date à laquelle Christophe Colomb, descendant de vaisseau, baisa trois fois la terre d'Amérique qu'il venait de découvrir et y planta la croix. Ce signe qui devait être celui de la liberté et de la fraternité devint bientôt celui de la servitude et pendant trois siècles, le continent et les îles d'Amérique allaient être arrosés du sang de millions de noirs africains. L'esclavage, chassé de l'Europe, se créait ainsi au-delà de l'Europe un empire nouveau.

Le nombre des indigènes n'était plus suffisant à remplir sous ce climat brûlant les désirs inquiets de ces assoiffés de richesses. Le travail auquel on les soumit dans les mines d'or ou d'argent ou dans la recherche des perles précieuses au fond des mers, entraîna une mortalité telle que d'un million d'habitants, l'île St-Domingue ne possédait plus en 1517 que 14.000 Indiens. L'œuvre d'extermination s'accomplissait ainsi presque sans résistance.

Mais il fallait remplacer ces disparus, les nègres avec leur constitution robuste, habitués aux feux de l'équateur, étaient indiqués pour supporter désormais dans les colonies américaines les fatigues du travail et le joug du maître.

Les premières autorisations officielles datent en Espagne de 1.500. On achète et on enlève des sauvages sur la côte d'Afrique avec l'autorisation et le concours du gouvernement de Madrid (1).

1, « La Cour ordonne, dit le statut royal de 1511, que l'on cherche les moyens de transporter aux îles un grand nombre

La couronne d'Espagne fait de la traite un monopole et l'adjuge à des particuliers ou à des compagnies. Les favoris se disputent les privilèges de traite pour les revendre à des spéculateurs éhontés. Charles-Quint le premier octroya en 1517 ces « assientos » à ses compatriotes, les Flamands, qui en retirèrent d'immenses bénéfices. Philippe II et ses successeurs les conférèrent à leur tour dans les mêmes conditions.

En 1600, on traita pour neuf ans, avec un Portugais qui s'engageait à fournir aux colonies espagnoles, 4.250 esclaves par an et à payer au roi une rente de 162.000 ducats, soit 1.620.000 fr. de notre monnaie.

Ces fermages royaux toujours renouvelés, passèrent dans diverses mains. La réglementation se faisait d'autant plus sentir que l'importance croissante de la culture du sucre, du café et du coton avait augmenté la demande du travail servile et, par suite, les profits du commerce de la traite.

Les Compagnies de Guinée et du Sénégal sont établies par lettres patentes de France, en 1696. Elles possèdent un blason (1) et sont assurées de

de nègres de Guinée, attendu qu'un nègre fait plus de travail que quatre Indiens. »

1. « Pourra la dite Compagnie, prendre pour ses armes, un écusson en champ d'azur, semé de fleurs de lys d'or sans nombre, deux nègres pour support et une couronne tréflée » (Lettres patentes de 1696).

primes à l'importation comme droits perçus en détail et par tête quand le commerce est libre. La Compagnie de Guinée, grâce à un traité franco-espagnol, obtint le monopole pendant 10 ans, du transport des nègres, moyennant une redevance à l'Espagne de 33 écus par nègre importé.

Quant à l'Angleterre, dont le but était de fournir par la traite ses colonies de l'Amérique septentrionale et des Antilles et qui avait régulièrement organisé ce trafic depuis 1631 ; elle obtint par le traité d'Utrecht, le privilège de fournir des nègres aux possessions espagnoles, privilège qui appartenait jusqu'ici à la Compagnie de Guinée.

Par ce traité du 13 juillet 1713, il est convenu que 4.800 esclaves seront introduits par an et pendant trente ans, dans les diverses parties du territoire américain appartenant aux Espagnols, par les Anglais, moyennant le paiement d'un prix fixé par tête d'esclaves. Les deux rois s'intéressèrent chacun pour un quart dans les bénéfices de cet honnête trafic.

C'est le fameux Pacto del Assiento de Negros. Ce contrat qui avait été renouvelé à la paix d'Aix-la-Chapelle, en 1748, tomba en désuétude quatre ans après.

Quant au Portugal, à mesure qu'il sentait le commerce des Indes lui échapper, il développait celui de la traite. L'essor qu'il prit, compensa en partie pour les négociants portugais, la diminution de leur commerce avec les Indes. La Guinée, les provinces du Congo et d'Angola, furent les principaux théâtres de cette exploitation humaine.

Pendant plus de deux siècles, l'Europe se rua de la sorte sur l'Afrique, provoquant la chasse à l'homme, la guerre, la piraterie terrestre, comme aux temps barbares. Enlevant ainsi toute sécurité aux habitants, elle empêcha toute résidence fixe, tout travail sédentaire, toute civilisation. La côte africaine se dépeupla bien avant dans les terres ; elle devint déserte et l'on n'y vit plus que des nomades armés, à demi-sauvages, et toujours prêts à se sauver à l'approche de l'étranger.

De 1511 à 1789, on estime de 40 à 50 millions, le nombre d'individus que la traite a ravis à l'Afrique. En échange de 120 à 130 fr. de marchandises, on avait un beau nègre qu'on revendait ensuite de 1.000 à 1.200 fr. Ce trafic légal réglé et protégé par l'Etat, laissait aux négriers 50 0/0 de bénéfice net après la revente. Les Français trafiquaient entre le Sénégal et la Gambie, les Hollandais au-dessous de cette rivière, les Anglais dans la Guinée Septentrionale et les Portugais dans la Guinée Méridionale. Chaque nation avait sur la côte d'Afrique un certain nombre de forts sous la protection desquels elle faisait la traite.

Dans cette concurrence des nations, l'Angleterre

eut toujours l'avantage, réussissant à importer dans une seule année, en 1786, jusqu'à 38.000 esclaves.

Mais, la France tient toujours le second rang et rétablit en quelque sorte l'équilibre, en restant plus longtemps dans la carrière.

Du reste, la traite y était minutieusement réglée et y jouissait de nombreuses immunités, afin de la rendre prospère (1).

En 1783, le 28 juin, un arrêt du Conseil d'Etat, permet aux bâtiments étrangers arrivant directement des côtes d'Afrique avec des cargaisons de 180 noirs au moins, d'aborder dans le port principal de chacune des îles de la Martinique, la Guadeloupe, Ste-Lucie et Tabago, jusqu'au 1er août 1786 et d'y vendre les dits noirs en payant pour chaque tête de noirs, négresses, négrillons ou négrites, un droit de 100 livres, dont le produit sera employé en primes sur les noirs, provenant de la traite française, qui seront introduits pendant le même temps aux îles du Vent.

Le 11 janvier 1784, un nouvel arrêt du Conseil d'Etat, supprimait le privilège exclusif de la traite

1. Arrêt du Conseil d'Etat, 14 août 1777, accordant pour le terme et espace de 15 ans, aux syndics administrateurs et intéressés dans la Compagnie de la Guyane française, le privilège exclusif de la traite des noirs et du commerce de l'île de Gorée et sur les côtes d'Afrique, depuis le Cap-Vert, jusqu'à la rivière de Casamance.

des noirs à Gorée et dépendances, mais en revanche, accordait comme dédommagement pendant neuf années aux intéressés et administrateurs de la Guyane française, celui de la traite de la Gomme seulement, dans la rivière du Sénégal et dépendances.

Enfin, un arrêt du Conseil d'Etat, le 10 septembre 1786, prorogeait jusqu'en 1789, la permission accordée d'introduire aux îles du Vent, les noirs de traite, avec une diminution de droits à l'entrée, tandis qu'il portait à 200 livres par tête, la prime accordée aux négociants français, sur les noirs de traite française, qui seraient introduits « dans les ports de Cayes, St-Louis, St-Domingue, pour l'approvisionnement de la partie du sud de la dite île ».

Un arrêt du 2 juillet 1789, maintient encore ces immunités en faveur de la traite, qui ne disparaissent que par un décret du 27 juillet 1793 (1), lequel en les supprimant respecta cet odieux trafic lui-même.

L'esclavage fut enfin aboli par un décret du 4 février 1794. On sait le mot du premier consul, il avait demandé en prenant le pouvoir, sous quel régime les colonies avaient été le plus prospère, on

1. Voici le texte de ce document : « La Convention nationale décrète que toutes les rives accordées jusqu'à présent pour la traite des esclaves sont supprimées. »

lui répondit que c'était sous celui en vigueur, au moment de la Révolution : « alors, qu'on le leur applique de nouveau, et au plus vite », répondit-il.

Le sénatus-consulte qui rétablit l'esclavage, est la loi du 30 mai 1802, qui ouvrit de nouveau cet odieux trafic de la traite, que Cousin appelait : « la plus grande de toutes les injustices, parce qu'elle les comprend toutes », avec son cortège d'immunités, d'encouragements, de primes, d'autrefois. Il est vrai que la conséquence de cette volonté, si péremptoirement formulée, ne fut pas aussi néfaste qu'elle aurait pu être, car à ce moment, l'état perpétuel d'hostilité de la France et de l'Angleterre, ne permettait guère le développement de ce négoce.

Enfin, le dernier acte qui figure sur la matière, est du 9 novembre 1805. C'est une proclamation du gouverneur anglais de Ste-Lucie, possession récemment enlevée à la France, qui autorise l'importation d'esclaves par tout pavillon, pour relever cette colonie que la guerre avait dépeuplée.

Pendant la Restauration, la traite fut à peu près nulle dans nos colonies, excepté celle de Bourbon, mais elle acquit une grande extension à Cuba et au Brésil.

M. Nys, dans un article sur l'esclavage noir, devant les jurisconsultes et les Cours de justice, arrive à ces lugubres conclusions (1).

1. *Revue de Droit international*, 1890, t. XXII, p. 57 et s. p. 138 et s.

De 1680 à 1780, l'importation aux Antilles anglaises s'éleva à 2.130.000 nègres, c'est-à-dire, plus de 20.000 par an. Dans les colonies françaises, de 1786 à 1788, l'importation fut de 30.000 en moyenne. Le trafic a duré plus de trois siècles, et si, pendant la dernière moitié de cette période, il a seulement enlevé d'Afrique autant d'esclaves qu'il le fit en 1786, on peut dire, sans exagération, qu'il en a tiré 12 millions. D'après un calcul, pour obtenir 1.000 nègres vivants, il fallait en faire périr 1.450. Beaucoup étaient tués dans la chasse que leur faisaient les marchands d'esclaves ou périssaient par insuffisance de nourriture et de mauvais traitements.

Les traficants eux-mêmes étaient frappés cruellement et on évaluait leur perte à 2.000 par an. En une année, la traite des nègres détruisait plus de matelots à elle seule que tous les autres commerces de la Grande-Bretagne, en deux ans.

Voilà ce qu'était la traite ; étudions maintenant quels ont été les précurseurs et les ouvriers de cette grande émancipation et rénovation sociale, quelle a été leur œuvre ? et comment l'abolition de la traite et de l'esclavage avant d'entrer dans le droit des gens, a constitué le droit interne de chaque nation ?

Telle fut la législation de la traite jusqu'au jour où elle passa dans le domaine international. Montesquieu avait écrit dans l'*Esprit des Lois* : « Le sucre serait trop cher si l'on ne faisait travailler la plante qui le produit par des esclaves. Ceux dont il s'agit, sont noirs depuis les pieds jusqu'à la tête, et ils ont le nez si écrasé, qu'il est presque impossible de les plaindre. On ne peut pas mettre dans l'esprit que Dieu, qui est un être très sage, ait mis une âme, surtout une âme bonne dans un corps tout noir. De petits esprits exagèrent trop l'injustice que l'on fait aux Africains ; car, si elle était telle qu'ils le disent, ne serait-il pas venu dans la tête des princes de l'Europe, qui font entre eux tant de conventions inutiles, d'en faire une générale en faveur de la miséricorde et de la pitié ? »

Les esprits allaient-ils donc continuer à se laisser guider par l'intérêt mercantile, fallait-il qu'un continent entier approvisionnât de machines humaines une autre partie du monde et que nulle convention intervînt, inspirée non plus par la miséricorde, mais par la plus élémentaire et la plus stricte justice ?

CHAPITRE II

LE DROIT INTERNE DES NATIONS ET L'ABOLITION
DE L'ESCLAVAGE

Mouvement en faveur de l'abolition de l'esclavage. — Les
précurseurs. — Les mœurs publiques au xvii° siècle ; état
de l'opinion à cette époque en France. — Edit de 1777. —
Décret de février 1793 abolissant l'esclavage en France. —
Décret du 27 avril 1848. — Emancipation successive des
esclaves en Danemark, aux Etats-Unis. — Politique suivie
par l'Angleterre. — Bill du 2 janvier 1817. — Loi du 23 juin
1833. — Mesures pour assurer l'exécution de la loi. — Suppression de l'esclavage dans les colonies. — Son abolition
en Portugal. — Espagne. — Brésil. — Liberté nécessaire
pour l'esclave reconnue et admise par le droit interne de
chaque nation. — Situation juridique de l'esclave. — Esclave fugitif. — Esclave criminel.

CHAPITRE II

LE DROIT INTERNE DES NATIONS ET L'ABOLITION
DE L'ESCLAVAGE

L'œuvre de réforme était encore bien éloignée quand saint Augustin écrivait que : « l'homme créé raisonnable à l'image de Dieu ne devait s'asservir que les êtres non raisonnables et qu'il devait s'approprier non pas l'homme mais la bête. »

Plus tard, Bodin, vers le milieu du XVIe siècle, avait bien repoussé l'esclavage dans son principe et dans ses excès et avait fait justice des arguments sur lesquels s'appuyait la thèse qui avait pour elle l'autorité d'Aristote et les mœurs de l'ancien monde tout entier. Il se refusait à reconnaître la servitude comme naturelle tant que l'homme riche, puissant, n'acceptera pas d'être esclave d'individus plus intelligents que lui.

Les théoriciens de la liberté dans la seconde moitié du XVIe siècle comme François Hotman,

Linguet, Doneau, Buchanam, Boucher, Guillaume Rose jetèrent bien de puissantes notions de respect de la personnalité humaine, de liberté et de solidarité humaine. Ce fut en vain; car sous le règne de Louis XIV nous assistons à une épouvantable réaction. Le grand Colbert qui voulait plus une marine que des colonies, employa toute son influence pour que la France obtînt le monopole du transport des Noirs au nouveau monde, mais il ne put y parvenir. Bossuet, le grand théoricien de l'absolutisme d'alors, digne continuateur en cela des doctrines d'Aristote, pourra écrire sans aucun risque d'être contredit que : « ce serait non seulement condamner le droit des gens où la servitude est admise, comme il paraît par toutes les lois, mais condamner le saint-Esprit qui ordonne aux esclaves par la bouche de saint-Paul de demeurer en leur état et n'oblige point les maîtres à les affranchir » (1).

Malgré cette doctrine émanée de la pratique des Papes qui, sans doute, condamnaient l'esclavage des chrétiens ou la traite des néophytes nègres, et aidaient même par tous les moyens à les racheter, mais trouvaient tout à fait naturel que les prisonniers païens et musulmans devinssent es-

1. Bossuet : *Cinquième avertissement aux Protestants sur les lettres du ministre Jurieu, L.*

claves des chrétiens (1). Louis XIV, en mars 1685, publia un édit, appelé le Code noir, humanitaire jusqu'à une certaine mesure. On baptisait les esclaves, on les instruisait dans la religion catholique. Il était pourtant loin de la perfection, car, pour ne pas trop effaroucher les colons, on avait laissé subsister quelques usages cruels (2), malgré cela les nègres n'étaient plus livrés à la merci de leur maîtres.

En 1777, un édit du roi Louis XVI fit enfin défense d'introduire des esclaves dans le royaume et obligea ceux qui en avaient introduit d'en faire la déclaration dans un certain délai passé lequel les maîtres ne pourraient retenir ces noirs sans leur consentement. C'était un acheminement vers le décret de février 1793 abolissant l'esclavage des nègres, et vers la loi de janvier 1798 déclarant que « tout individu né en Afrique ou dans les possessions étrangères, transféré, dans les îles françaises sera libre aussitôt qu'il aura mis le pied sur le territoire de la République ».

Enfin le décret du gouvernement provisoire du

1. D'après Geffken, *R. de dr. intern.*, 1890. Les papes auraient eu jusqu'en 1799 des esclaves sur leurs galères.

2. L'esclave en fuite pendant un mois avait les oreilles coupées et était marqué d'une fleur de lys sur l'épaule. En cas de récidive il avait le jarret coupé et était marqué d'une nouvelle fleur de lys sur l'épaule, et la troisième fois c'était la mort.

27 avril 1848 et l'art. 6 de la constitution du 4 novembre de cette même année proclame que : « l'esclavage ne pouvait exister sur aucune terre française ». A l'avenir, même en pays étranger, il est interdit à tout Français de posséder, d'acheter ou de vendre des esclaves et de participer soit directement ou indirectement à tout tarfic ou exploitation de ce genre. Toute infraction à ces dispositions entraîne la perte de la qualité de citoyen français. Désormais le grand principe de l'inviolabilité de la vie humaine était partout admis en France ; on avait enfin compris la vérité de cette parole de Louis Blanc « ne pas s'appartenir n'est pas vivre ». Telle fut l'œuvre de la France libératrice, mais celle-ci ne peut revendiquer ni le premier rang ni l'initiative dans cette œuvre d'émancipation.

Le premier mouvement qui devait aboutir au droit public chrétien actuel, condamnant l'esclavage comme contraire à la loi de la nature et aux droits de l'humanité semble bien être parti de l'Amérique. Une secte religieuse, les Quakers, dès 1761, avaient accordé la liberté à leurs esclaves, et décidé d'exclure de leurs rangs ceux de leurs coréligionnaires qui auraient refusé de suivre ce généreux exemples. En 1772, l'assemblée de Virginie présente au roi une pétition réprouvant le commerce odieux de l'esclave et manifestant les craintes que la continuation d'une telle pratique ne compromette l'existence même des possessions de la Grande Bretagne en Amérique.

En 1780, l'Etat de Pensylvanie déclara libres les esclaves nés depuis la déclaration de l'indépendance et défendit l'importation d'aucun esclave ; d'autres Etats de l'Union suivirent cet exemple.

Le congrès, le 1er janvier 1808, prohiba l'importation des esclaves. L'abolition de la traite fut dès lors proclamée. Déjà une loi du 22 mars 1794 avait défendu aux citoyens américains de faire la traite sous peine d'amende.

Mais ce qu'il y a de remarquable dans l'histoire de l'esclavage aux Etats-Unis, c'est que les Etats du Nord s'opposèrent de tout temps aux importations que l'Angleterre leur imposait avec opiniâtreté. Celle-ci fit tout ce qu'elle put pour perpétuer ce fléau qui devait, au bout de deux siècles, causer aux Etats-Unis d'incommensurables malheurs, soit en s'opposant aux lois coloniales, soit en influencant le gouvernement pour obtenir protection de cette industrie. Aussi Burke, dans son célèbre discours sur la conciliation avec l'Amérique, reconnaît qu'une des causes des difficultés qui ont surgi a été produite par la question de l'esclavage.

Ce ne fut du reste que le 1er janvier 1863 que le décret d'émancipation générale des esclaves fut publié, celui-ci rendait à la liberté, à la famille humaine plus de 4 millions d'hommes.

En Angleterre, cette évolution vers la liberté devait être bien plus soudaine, bien plus rapide. Cette nation dont le commerce de traite avait été un des plus fructueux devint bientôt après partisan absolu de l'abolitionnisme. Une société se fonde au caractère religieux et humanitaire, le 22 mai 1787, où se trouvent, Granville, Sharp, Wiliam-Wilberfoce, Thomas Clarkson, Jachary Macaulay, et surtout comme hommes d'Etat : Burke, Fox, Pitt et Grenville.

Ces vues d'affranchissements cadraient du reste avec les intérêts commerciaux et politiques les plus vitaux de la nation et constituèrent une politique très fine et très réaliste. En effet, en supprimant la traite l'Anglais dont les colonies étaient pleines de nègres et facilement approvisionnées par les travailleurs indous (1) verrait sa prospérité s'accroître d'autant plus que les colonies de la France et des

1. Ce qui prouve bien cela c'est que dès l'année 1815, l'Angleterre transportait dans sa colonie africaine de Maurice les condamnés indiens de Calcutta qui venaient suppléer en l'absence du travail des esclaves que l'on avait cessé de recruter. L'épreuve ayant paru bonne, près de 100.000 Indiens furent introduits dans les années suivantes. Les autres colonies Anglaises suivirent cet exemple. La Jamaïque et la Guyane reçurent exclusivement des travailleurs indiens jusqu'en 1842. Elle avait donc tout intérêt à supprimer l'esclavage pour les autres pays.

autres pays étaient moins peuplées et élaboraient des produits rapportant beaucoup moins.

La Cour avec Georges III ne comprit pas tout d'abord l'utilité de cette politique ; aussi était-elle très opposée à l'abolition, on craignait de porter un coup sensible à la fortune de l'Angleterre, en gênant cette branche importante de son commerce, ou en permettant à d'autres pays de se créer là un monopole et de s'y enrichir.

Dès 1790, un débat approfondi eut lieu dans la chambre des communes. Mais la résistance des propriétaires des colonies et des trafiquants d'esclaves fut grande. Plusieurs fois les motions de prohition de la traite échouèrent. Le bill d'abolition soutenu avec tant de vigueur par Wilberforce dans la Chambres des Communes et adopté en 1804 grâce à ses efforts fut rejeté par la Chambre des Pairs et proposé de nouveau l'année suivante à la Chambre des Communes et rejeté par elle. Enfin le 2 janvier 1807 après 20 années d'efforts, la traite et l'importation des noirs dans les colonies britanniques furent prohibées par le bill de Lord Grenville. Cette mesure reçut enfin la sanction royale. Remarquons toutefois que l'esclavage noir subsistait toujours dans les colonies. En 1823, lord Bathurst, secrétaire d'état aux colonies, adressait aux gouverneurs, pour être soumis aux législateurs, un programme d'améliorations

précises qui devait servir de mesures prépara-
toires à l'émancipation. Mais les colonies résis-
tèrent énergiquement à l'application de ces mesures. Au lieu de conseils, le gouvernement dut
donner des ordres ; en 1831 fut décrétée la création de magistrats protecteurs des esclaves, et de
cours des requêtes pour juger la classe servile :
des mesures minutieuses réglèrent la nourriture
l'entretien, le logement, les soins médicaux. C'é-
taient encore bien des atermoiements qui rendaient
plus difficile la position des planteurs sans les
décider à des remèdes énergiques.

Enfin, en 1833, le 23 juin, l'esclavage fut aboli
avec la double condition d'une indemnité pour les
colons et d'une période d'apprentissage pour les
esclaves. Les apprentis étaient sous la tutelle des
juges de paix spéciaux. Les mesures propres à
assurer l'exécution de la loi et des contrats étaient
confiées aux législatures locales ou aux pouvoirs
locaux. Pour quelques colonies cette émancipation
eut lieu en 1833, pour la plupart en 1838, pour
les dernières en 1839, aucune n'attendit le mois
d'août 1840.

Si l'esclavage a été aboli par le Portugal sur son
territoire européen par le décret du 16 janvier
1773, il a subsisté dans les colonies portugaises
jusque dans la seconde moitié du xixe siècle. Un
décret de décembre 1854 établit dans les domaines

portugais d'outre-mer le registre des esclaves, proclama l'émancipation de ceux importés sur le territoire portugais depuis sa publication, accorda
aux esclaves le droit de revendiquer leur liberté
en payant aux anciens maîtres l'indemnité des
services dont ils seraient privés, et déclara libres
les esclaves de la couronne. Enfin la loi du
29 avril 1875 a supprimé complètement la condition servile dans les provinces portugaises d'outre-
mer.

Quant à l'Espagne, elle semble être de toutes les
puissances européennes celle qui a maintenu le
plus longtemps l'esclavage dans ses possessions
coloniales. Une loi du 4 juillet 1870 affranchissait
tous les enfants des mères esclaves qui naîtraient
à partir de la promulgation. L'abolition de l'esclavage n'a été consommée qu'en 1873, à Porto-
Rico, et en 1880, à Cuba.

La loi du 7 novembre 1831 supprimait la traite
des noirs au Brésil, mais elle y était restée lettre
morte. L'empereur la fit mettre à exécution en
1850 ; mais l'esclavage qui comptait le 1/4 de la
population subsista. La loi du 18 mai 1888 abolit
enfin l'esclavage au Brésil sans condition ni restriction d'aucune sorte. C'était l'œuvre de la ré-
gente qui avait lutté de toute l'énergie de sa foi
et de sa charité pour arriver à ce but.

La cause de l'anti-esclavagisme avait donc

triomphé chez toutes les nations civilisées qui, grâce à des lois et des traités, avaient assuré la liberté de l'homme et allaient châtier toute atteinte qui y serait faite dans leurs territoires.

Mais il existe encore une étendue considérable de territoires où l'esclavage sévit où la chasse à l'homme s'effectue librement ; il paraît donc intéressant d'étudier quelle est la situation juridique de ces esclaves par rapport aux nations civilisées. Celle-ci est actuellement bien déterminée par la coutume, les lois ou les conventions. Supposons un esclave fugitif arrivé dans un pays ou sur le bâtiment d'un pays qui n'admet pas l'esclavage.

Le décret de l'Assemblée législative du 28 septembre 1791 décide que « tout individu est libre aussitôt qu'il est en France. » Quant à la doctrine anglaise elle inclinait en 1870 à refuser aux vaisseaux anglais le droit d'emmener les esclaves qui s'étaient refugiés à leur bord quoique d'après les principes ces esclaves devinssent libres aussitôt qu'ils touchaient le sol britannique.

Dans deux circulaires du 31 juillet et du 5 décembre 1875, l'amirauté déclare que les esclaves fugitifs ne peuvent être admis à bord des navires de guerre anglais que dans des cas tout à fait spéciaux. Elles prescrivent l'extradition sur la demande qui en serait faite ou l'expulsion sans qu'il y ait réquisition selon les circonstances de chaque espèce, sauf dans le cas où l'esclave pourrait être maltraité ; dans ce cas l'officier pourrait le retenir à bord.

Des instructions plus récentes de l'Angleterre en 1878 décident qu'un esclave fugitif dans un navire anglais « on n'admettra ni discutera aucune demande de restitution fondée sur le motif que l'homme est en esclavage. »

Les conditions d'humanité déterminent seules les cas où on devra recevoir un esclave fugitif à bord du navire. Ceci s'appliquera tant en haute mer que dans les eaux territoriales de l'Etat. Le gouvernement anglais « ne veut point formuler une règle précise et générale déterminant les cas où les capitaines devront recevoir une esclave à bord de leur navire de guerre. »

On voit l'élasticité extrême de semblables instructions et l'extension qu'on peut leur donner dans la pratique. L'Acte de Bruxelles a été plus clair et plus affirmatif. C'est ainsi que l'article 29 va jusqu'à dire que : « tout esclave retenu contre son gré à bord d'un bâtiment indigène aura le droit de réclamer sa liberté. »

L'art. 28 stipulait par ailleurs que : « tout esclave qui se sera réfugié à bord d'un navire de guerre sous pavillon d'une des puissances signataires sera immédiatement et définitivement affranchi ».

Enfin l'art. 64 réputait libre tout esclave « arrivant à la frontière d'une des puissances signataires. » Il était en droit de réclamer des autorités compétentes des lettres d'affranchissement. De plus, cet Etat était tenu de faire respecter sa liberté nouvellement conquise.

Supposons un esclave se réfugiant dans un pays qui n'admet pas l'esclavage, mais cet esclave en même temps que fugitif est criminel. Il s'agit alors de répression de crime ou délit de droit commun.

L'article 28 de l'Acte de Bruxelles pose en principe que dans ce cas « l'affranchissement ne peut pas le soustraire à la juridiction compétente ».

En fait, il faut distinguer la nature du crime où du délit. L'esclave a-t-il tué celui qui le poursuivait pour l'empêcher de fuir ; le crime en un mot a-t-il un rapport étroit et dépendant de l'esclavage ? Dans ces conditions l'esclave ne sera point livré, car on le considérera en état de légitime défense.

Mais si le crime n'a aucun trait avec sa situation d'esclave, par exemple, meurtre d'autre esclave, vol, etc., alors un doute s'élève ; en pratique, le plus souvent, la puissance chez qui cet esclave aura trouvé refuge ne le livrera pas, car elle peut craindre que celui-ci ne soit jugé par une justice trop sévère et trop partiale (1).

1. La conférence de Bruxelles a déclaré qu'afin d'empêcher que l'esclave réfugié ne puisse sous prétexte d'avoir com-

L Angleterre avait déjà depuis longtemps con-
firmé ces principes dans une application qu'elle
en fit au sujet de l'affaire de « la Créole » (1). Ce
bâtiment avait, en 1841, quitté le port de Rich-
mond (Etat de Virginie) pour se rendre à la Nou-
velle-Orléans ayant à son bord 130 esclaves. Pendant la traversée quelques-uns de ces esclaves se
révoltèrent et s'emparèrent du navire, après avoir
tué un passager et blessé grièvement le capitaine
et plusieurs matelots de l'équipage. Le second de
« la Créole » se vit obligé sous menace de mort
dé diriger le navire vers le port anglais de Nassau
qu'il atteignit bientôt. Les Etats-Unis d'Amérique
demandèrent immédiatement l'extradition de ces
esclaves ceux-ci étant, disaient-ils, citoyens américains ayant commis un crime contre les lois
américaines.

Le gouvernement anglais y opposa un refus
formel en se fondant sur ce que ces esclaves, par
le seul fait d'avoir abordé à un port de l'Angleterre, étaient devenus des hommes libres. Ils furent
purement et simplement relâchés et échappèrent

mis un crime de droit commun être remis en esclavage, il
serait décidé que le commandant de navire de guerre à bord
duquel s'est réfugié cet esclave ne serait pas obligé de le
remettre aux autorités compétentes même dans le cas où ce
dernier est accusé d'avoir commis un crime de droit commun,
s'il a des raisons de croire que l'incriminé sera remis en état
d'esclavage.

1. *Revue des Deux Mondes,* août 1842.

ainsi à toute juridiction ; leur crime demeura impuni.

C'était pousser un peu loin l'application des principes et on est en droit de penser avec Weaton (1) que : « c'est attribuer une puissance immense et inouïe à la législation d'une seule nation que de lui accorder la faculté de changer les lois qui régissent les personnes et les propriétés de toutes les autres nations. »

De tout cet exposé il ressort quelles sont les difficultés et les lenteurs que l'œuvre générale d'émancipation éprouve. Nous venons de voir les principales nations civilisées réalisant chez elles en pleines indépendance et souveraineté l'affranchissement des esclaves. En y travaillant, elles faisaient réaliser un immense progrès à la cause de la diminution de la traite. En supprimant la cause, on supprime nécessairement l'effet ; les demandes d'esclaves cessant l'offre cessera de se produire. Mais les mesures prises par chaque Etat et qui rentrent dans le domaine de la puissance souveraine étaient insuffisantes si elles restaient isolées.

Il fallait, grâce à une entente, attaquer l'esclavage sous une autre forme : dans son recrutement, dans son commerce, dans ses échanges.

Nous allons voir quelle fut l'œuvre internatio-

1. Weaton : *Histoire du droit des gens.*

nale de répression de la traite organisée par le
concert des puissances, et quel fut ce droit des
gens nouveau qui s'établissant allait proclamer le
respect de la personne humaine, laquelle doit
s'appartenir et dont on ne peut trafiquer.

La règle de « l'air fait libre » était devenue la
loi de tous les Etats civilisés; nous allons suivre
cette affirmation dans les congrès, conférences,
conventions et traités.

———

DEUXIÈME PARTIE

LA TRAITE JUSQU'A L'ACTE DE BERLIN DE 1885.

CHAPITRE III

LA TRAITE ET LE DROIT DES GENS

L'esclavage et la traite au point de vue du droit international.
— Traite maritime. — Comment la traite entre dans le
droit des gens. — Peut-on assimiler la traite à la piraterie ?
La traite dans les congrès européens. — Législation française contre la traite. — Loi du 4 mars 1832.

CHAPITRE III

Le problème de l'abolition de la traite se compose de deux termes : la suppression de l'esclavage dans chaque Etat, celle de la traite dans les limites et en dehors des limites juridictionnelles des différents Etats. Le progrès doit se réaliser à la fois dans les deux termes. Mais l'esclavage ne rentre pas dans le droit des gens, il dépend de la législation de chaque Etat (1). Une nation peut l'abolir, mais elle ne pourrait forcer une autre nation à modifier ses mœurs sans se placer avec elle en dehors des conditions générales du droit des gens en temps de paix et sans manquer de respect à la souveraineté et à l'indépendance de l'Etat qui la représente. Chaque Etat gouverne d'après l'état de civilisation qu'il a et nul ne peut lui inspirer ses mœurs et ses lois.

1. Frank-Brentano et Sorel : *Traité de droit des gens*, p. 395.

Mais en revanche une nation ne doit pas se borner au respect et à la conservation des autres Etats, elle doit contribuer encore à leur perfectionnement selon qu'il est en son pouvoir et qu'ils ont besoin de son secours. Celle qui a le bonheur de vivre sous de sages lois doit se faire un devoir de communiquer dans l'occasion et employer l'influence qu'elle peut avoir sur les pays barbares ou sur des chefs plus ou moins étrangers à la civilisation pour obtenir d'eux librement l'interdiction de la traite.

Sans doute on ne peut pas aller jusqu'à dire avec Bluntschli « qu'il ne faudra plus à l'avenir laisser les Etats, sous prétexte qu'ils sont souverains, introduire ou conserver chez eux l'esclavage », ou encore, toujours avec le même auteur, que : « les Etats civilisés ont le droit et le devoir de hâter le renversement de ces abus partout où ils se rencontrent » (1). Ceci est une doctrine de violence peu en rapport avec les conditions générales du droit international en temps de paix et avec le respect de la souveraineté des Etats. Mais le meilleur moyen d'amener la contagion salutaire de la civilisation européenne, c'est par la signature de traités, d'arrangements qui contiendront une clause fermant les marchés d'esclaves

1. Bluntschli. *Dr. intern. codifié,* traduct. franç. de Lardy, 1881, art. 361, p. 221, art. 360, pp. 220, 221, art. 363. p. 221.

dans les Etats esclavagistes et interdisant ce trafic.

C'est ainsi que ce que la contrainte et la force ne pouvaient réaliser sans méconnaître les principes essentiels du droit international, la persuasion et les concessions l'obtiendront (1). Quant à la traite maritime, c'est-à-dire de celle qui emprunte la voie de la mer pour amener les esclaves à destination, il en est tout autrement.

La mer, en effet, n'est à personne, elle est du domaine international, nul Etat quoiqu'en dise Selden et son traité du « Mare Clausum » n'est assez puissant, pas même l'Angleterre pour pouvoir en revendiquer la souveraineté (2). Non seulement, donc, les Etats peuvent barrer dans leurs eaux juridictionnelles les voies de mer utilisées pour ce honteux trafic, mais puisque la mer appartient à tous, ils peuvent se concerter, s'enten-

1. Fréquents exemples de ces sortes de traités. 1° Convention de Rio-Grande passée le 22 mai 1845 entre la France et le roi Soliman obtenant prohibition de la traite ; 2° Même déclaration et mêmes engagements du roi Koaquo, 4 septembre 1845 ; 3° Traité du 8 août 1868 de la France et de Madagascar. Convention du 4 août 1877 entre l'Angleterre et l'Egypte.

2. Sans vouloir remonter jusqu'au milieu du XVIIᵉ siècle, alors que Selden disait qu'il y avait bien une puissance qui s'appelait la France et une mer qui la baignait, mais que l'Océan britannique s'étendait jusqu'aux limites de l'Espagne, il faut rappeler cette déclaration de lord Chatham : « qu'on ne pouvait tirer un coup de canon sur l'Océan sans la permission de l'Angleterre, que c'était assez pour la France de conserver son cabotage. »

dre pour déterminer les lois qui doivent la régir. En s'unissant ainsi d'une manière permanente contre la traite des esclaves sur le domaine international, les puissances qui nouent entre elles cette ligue non seulement publique mais universelle remplissent un devoir envers l'humanité et la civilisation. Par là, la traite entre dans le droit des gens, c'est-à-dire dans la garantie des droits généraux des Etats. Quand un aréopage de nations s'occupe, comme dans la conférence de Bruxelles et de Berlin, de la question de la traite et publie de concert certaines règles qu'il s'engage à observer, il y a alors un droit des gens non plus de principe, non plus théorique, mais effectif avec une sanction, celle de l'opinion publique, celle de l'engagement pris, de la parole donnée.

C'est ainsi qu'il n'y a pas de nos jours une nation chrétienne qui ne s'incline devant le principe que la souveraineté des Etats ne peut s'exercer de manière à anéantir le droit de liberté personnelle qui est le droit le plus élevé de l'humanité.

Devons-nous admettre la traite comme crime de droit des gens et l'assimiler à la piraterie? Telle avait été la prétention de l'Angleterre, prétention d'où découlait le droit de visite.

Cette assimilation nous paraît impossible. La traite est un crime de lèse-humanité, mais n'est pas comme la piraterie un danger commun pour toutes les nations. Le pirate est, en effet, l'ennemi du commerce maritime tout entier, il menace toutes les marines marchandes, aussi le rejette-t-on en dehors du droit international maritime et tout navire de guerre de n'importe quel pays peut poursuivre sur mer les crimes de piraterie, les juger, les punir. Les pirates, en effet, n'ont point de pavillon, ils ne peuvent se revendiquer d'aucun gouvernement. La situation du négrier est bien différente. Celui-ci n'attaque le commerce maritime d'aucune nation, il ne constitue pas un danger permanent pour la liberté, la sécurité de la mer, il a un pavillon national.

Sans doute, chaque Etat peut, dans sa législation intérieure, ou, grâce à des traités, déclarer que le négrier sera assimilé au pirate comme l'ont fait l'Angleterre et les Etats-Unis. Mais cette assimilation ne procédant que des lois internes où des stipulations de traites, la traite des Noirs n'est alors punie qu'en vertu de ces lois spéciales d'assimilation, lesquelles lois ne peuvent être appliquées que par l'Etat qui les a faites, seulement à l'égard des propres sujets ou nationaux de cet état dans les lieux dépendant de sa juridiction.

Mais par quels actes la traite était-elle donc entrée définitivement dans le domaine du droit des gens?

La première reconnaissance de la nécessité d'un

a ccord international se trouve dans un article additionnel du traité de Paris du 30 mai 1814. La France consent à joindre ses efforts à ceux de l'Angleterre pour arriver à l'abolition du trafic des esclaves chez tous les peuples (1). L'Angleterre s'était montrée particulièrement soucieuse d'obtenir cette suppression de la traite dans le plus bref délai possible, ne voulant plus se contenter des vagues manifestations de principes généreux et humanitaires. C'est ainsi qu'au congrès de Vienne dans l'automne de 1814, la question fut soulevée de nouveau et les envoyés anglais offrirent même d'avancer la somme nécessaire pour indemniser les propriétaires d'esclaves français si la France voulait procéder à l'abolition de la traite dans ses possessions (2).

En décembre de la même année, lord Castlereagh essaya sans succès d'amener le gouvernement espagnol à consentir à l'abolition immédiate de la traite et à renoncer au délai de huit années stipulé par ce gouvernement pour la continuation de ce commerce entre l'Equateur et le 10° de latitude Nord. Le Portugal donna une réponse analogue, mais, en janvier 1815, il consentit à conclure un traité avec l'Angleterre pour la répression en commun du commerce maritime des noirs au Nord de l'Equateur.

1. De Clercq. *Traités de France*, tome II, p. 426.
2. Note de Castlereagh à Talleyrand, 8 octobre 1814.

Le caractère et les détails de ce commerce ayant
été mieux connus, la voix publique réclamant sa
suppression se fit entendre plus pressante et les
puissances y répondirent par une déclaration du
8 février 1815, proclamant l'abolition de la traite
« comme une mesure particulièrement digne de
leur attention, conforme à l'esprit du siècle et aux
principes généreux de leurs augustes souverains ;
elles sont animées du désir sincère de concourir à
l'exécution la plus prompte et la plus efficace de
cette mesure, par tous les moyens à leur disposition et d'agir dans l'emploi de ces moyens avec
tout le zèle et toute la persévérance qu'ils doivent
à une aussi grande et belle cause. » Mais quant à
la date où ce commerce doit universellement cesser, ce sera un objet de négociation entre les puissances qui chacune en particulier pourra choisir
le moment qui lui semblera le plus favorable.

Un article additionnel du traité du 20 novembre
1815 alla plus loin « en obligeant les parties à
concerter sans perte de temps les mesures les plus
efficaces pour obtenir l'abolition entière et définitive du commerce aussi odieux et aussi hautement
réprouvé par les lois de la religion et de la nature. » La question fut de nouveau soulevée à la
conférence d'Aix-la-Chapelle en 1818 où, sans résultats, on proposa l'organisation d'une police commune d'un pouvoir neutre sur la côte occidentale

d'Afrique et de l'enregistrement des esclaves existant aux colonies. Le duc de Wellington aurait voulu qu'une conférence fût organisée à Vienne pour « se livrer à l'examen de toute mesure compatible avec les droits et les intérêts des puissances respectives » ; l'Autriche, la Prusse et la Russie y consentaient, mais les plénipotentiaires français ayant déclarés ne pouvoir le faire sans en référer à leur gouvernement les choses en restèrent là.

Au congrès de Vienne, en 1822, la question est reposée. Castlereagh demande, mais sans résultat, un engagement de la part des souverains de refuser l'entrée de leurs Etats aux produits des colonies des puissances qui n'avaient pas encore aboli la traite où qui continuaient à la faire ouvertement.

On attribue l'échec des mesures prises pour mettre fin au mal, à l'absence d'un effort universel dont on reconnaît plus que jamais l'utilité. La suppression de la traite était enfin élevée à la hauteur d'un principe de droit européen. L'Angleterre avait voulu faire plus. Elle avait cherché à faire adopter par les puissances intéressées un traité ou acte général par lequel tous les signataires se trouveraient liés les uns envers les autres et qui établirait ainsi l'égalité des droits et des devoirs et la complète réciprocité nécessaire pour une répression uniforme et efficace. C'est ainsi qu'elle avait essayé de provoquer, mais sans y réussir une entente de cette espèce aux congrès de Vienne, d'Aix-la-Chapelle, de Vérone. Malgré tous ces généreux efforts, les traitants continuaient leur odieux commerce et la bonne volonté des Etats se heurtait à la cupidité des commerçants, aux intérêts politiques et à la finance ; l'importation frauduleuse continuait toujours depuis le Rio de la Plata jusqu'à l'Amazone et dans tout l'Archipel des Indes occidentales.

Mais chaque Etat signataire de ces déclarations et de ces conventions avait contracté l'engagement d'aider l'œuvre internationale entreprise par des mesures particulières, défendant chez chacun d'eux et dans leurs colonies l'importation et l'exportation des esclaves. Ce grand mouvement humanitaire trouva un très puissant écho qui se traduisit par une législation nouvelle dans chaque gouvernement, et c'est ainsi que la France édicta une série de mesures que nous allons successivement examiner.

Louis XVIII qui avait déclaré « qu'il devrait sa restauration à la Providence et au prince régent d'Angleterre » fut bientôt prié de montrer sa reconnaissance en défendant à ses sujets de faire la traite. Il consentit à défendre immédiatement aux étrangers d'importer des esclaves dans les colonies françaises mais demanda un délai de 5 ans pour ses propres sujets afin de leur donner le temps de se mettre sur un pied d'égalité avec les colonies anglaises. Il s'était refusé à une prohibition immédiate malgré les offres, par l'Angleterre, d'une somme d'argent ou la cession d'une des colonies des Antilles.

Napoléon, à son retour de l'île d'Elbe, voulant peut-être atténuer un peu par une concession l'animosité anglaise, abolit immédiatement, par un décret de mars 1815, la traite dans les colonies françaises.

Louis XVIII, à son retour de Gand, ne put que confirmer le décret impérial par une assurance formelle que la traite serait désormais défendue à tous les sujets de Sa Majesté très chrétienne.

Mais alors s'ouvrait l'ère des congrès et des déclarations solennelles des puissances ; la législation française, grâce à cette influence, allait devenir petit à petit plus précise, la répression plus effective.

Une ordonnance du 8 janvier 1817 confisque tout bâtiment qui tenterait d'introduire dans une de nos colonies des noirs de traite, le capitaine sera interdit de tout commandement, toute la partie de la cargaison qui ne consisterait pas en esclave sera confisquée.

L'ordonnance du 15 avril 1818 étend ces peines à tous les sujets où navires français et aux indi-

vidus étrangers dans le pays soumis à la domination française qui prendraient une part quelconque sous quelque condition et prétexte que ce
soit au commerce du noirs.

L'ordonnance du 24 juin 1818 prévoit et organise une surveillance et des moyens de contrôle
en prévoyant l'entretien « sur les côtes de nos établissements d'Afrique d'une croisière à l'effet de
visiter tous bâtiments français qui se présente-
raient dans les parages de nos possessions sur les
dites côtes et d'empêcher toute contravention à
l'ordonnance des 8 janvier et 15 avril 1818. Enfin
la loi du 4 mars 1834 viendra organiser très minutieusement un système de pénalité et déterminer avec soin les responsabilités encourues.

Quiconque aura armé ou fait armer un navire
dans le but de se livrer au trafic des noirs sera
puni d'un emprisonnement de deux ans à cinq ans.
Même peine pour les bailleurs de fonds et assu-
reurs qui auront sciemment participé à l'arme-
ment.

La loi distingue suivant que le navire en pleine
mer a commis oui ou non un fait de traite.

Si le fait *a été commis*, le capitaine et le subré-
cargue seront puni de dix ans à trente ans de travaux forcés ; les autres officiers de cinq ans à dix ans
de la même peine et réclusion pour les hommes de

l'équipage ayant participé ou aidé aux faits de traite.

Si aucun *fait de traite* n'a encore été commis, les armateurs seront punis de dix ans à vingt ans de travaux forcés.

Le capitaine n'encourra qu'une peine de cinq à dix ans de travaux forcés, les officiers seront punis de réclusion et les hommes de l'équipage d'un emprisonnement d'un an à cinq ans. Cette législation entre plus avant dans les choses complétant son système de répression par des peines « contre quiconque vendra ou achètera des fers spécialement employés à la traite des noirs ». La peine variera alors entre six mois et deux ans de prison.

Quant à ceux qui « sciemment auront recelé, vendu ou acheté un ou plusieurs noirs introduits par la traite dans une colonie depuis la promulgation de la présente loi » ils seront punis d'une peine de six mois à deux ans au plus.

Les noirs reconnus noirs de traite étaient aussitôt déclarés libres, et la Cour d'assises connaissait de tous faits qualifiés crimes ou délits de traite. La France donc, était mieux armée pour combattre sur son territoire et dans celui de ses colonies l'odieux fléau, cela ne suffisait pas pour le faire entièrement disparaître.

Un accord, une action concertée des puissances pouvaient seuls y porter un coup décisif.

Mais, vers cette époque, une seule mesure communément acceptée et appliquée paraissait devoir être efficace pour obtenir le respect et l'application du nouveau principe proclamé par l'aréopage européen. c'était la mise en vigueur du droit de visite.

Après avoir étudié le fondement de ce droit de visite, nous assisterons à la campagne de l'Angleterre très humanitaire dans son but avoué, le triomphe de la cause des malheureux noirs, mais aussi très réaliste et très politique quand elle veut obtenir la concession générale de droit de visite et l'assimilation de la traite à la piraterie.

CHAPITRE IV

LE DROIT DE VISITE EN TEMPS DE PAIX

Sa définition. — Son fondement. — Formes que doit revêtir son application. — Vérification des papiers de bord et visite proprement dite. — Théories anglaise et française. — De la concession du droit de visite. — Politique traditionnelle de la France.

CHAPITRE IV

La question du droit de visite n'est qu'une face de questions beaucoup plus importantes: la question de la liberté des mers, la question du droit de défense des belligérants, celle du respect des neutres. Or la France est le défenseur séculaire de la liberté des neutres que l'Angleterre a toujours combattue au milieu des guerres les plus sanglantes pour s'assurer la suprématie des mers.

Le droit de visite consiste dans la faculté accordée au belligérant et exercée ou par ses bâtiments de guerre ou par ses vaisseaux légalement armés d'arrêter les navires sous pavillon neutre qu'ils ont rencontrés et de se transporter à bord pour vérifier moyennant l'inspection des papiers, la nationalité du vaisseau, le lieu vers lequel il est dirigé et la nature du chargement, de la cargaison qui ne doit rien contenir de contraire aux devoirs de la neutralité.

Ce droit de juridiction sur les navires neutres est un droit exceptionnel appuyé sur le droit de conservation et de légitime défense pendant le temps des hostilités, « c'est un droit de guerre, il vient avec la guerre, il cesse avec elle, et n'est point suspendu par un simple armistice » (1).

Les croiseurs belligérants sont dans la nécessité de surveiller les mers, afin de reconnaître et de saisir les vaisseaux ou les biens de l'ennemi ; il faut qu'ils déjouent les fraudes trop faciles d'un pavillon usurpé et d'un commerce illicite. Pour que cette police puisse s'exercer efficacement, il faut une obligation pour les neutres de souffrir la visite, laquelle, du reste, assure leur indépendance s'ils sont neutres, et les empêche, par ailleurs, de faire ce qu'ils n'auraient pas le droit de faire si leur commerce était hostile.

Le traité des Pyrénées en 1659 est un des premiers qui se soit occupé de déterminer les formes de la visite, des papiers et des lettres dont la présentation doit déterminer et justifier la nature et la qualité des marchandises que transporte un navire marchand. Les mêmes dispositions ont été conservées dans le traité d'Utrecht et ces deux traités ont servi de modèle à toutes les conven-

1. Ch. Dupuis. *Le Droit de la guerre maritime,* p. 301.

tions postérieures stipulées entre les Etats de l'Europe et de l'Amérique. Selon le droit conventionnel général, lorsqu'un vaisseau de guerre rencontre un vaisseau marchand dont il veut connaître la nationalité, il faut qu'il lui fasse connaître : 1° sa nationalité, son caractère belligérant et sa qualité de croiseur ou corsaire commissionné en droit d'exiger la visite ; 2° son intention d'user de son droit à son égard.

Le moyen classique d'affirmer la qualité et l'intention de visiter consiste à hisser le pavillon et à tirer en même temps un coup de canon à blanc appelé « coup d'avis ou d'arrêt ». Au coup de canon le vaisseau neutre doit s'arrêter, et si au contraire, il prend la fuite, le belligérant a droit de le poursuivre et de le contraindre par la force à se soumettre à la visite. A l'arrêt du bâtiment semoncé le belligérant détache vers lui un canot commandé par un officier qui seul, en tenue, monte à bord pour examiner, pour « visiter » le navire.

La formalité la plus importante de la visite, c'est la vérification des papiers de bord. Les papiers qui peuvent être présentés pour déclarer la nationalité sont :

1. La doctrine anglaise varie un peu sur ce point en ce que ce coup de semonce « affirming gun » prescrit en tout cas aux navires français, n'est pas considéré comme obligatoire par les Anglais.

Le passe-port et les autres certificats qui déclarent l'origine du vaisseau et la patrie des navigateurs ;

La minute du chargement ;

Le rôle de l'équipage ;

Le journal de voyage, où tout papier pouvant prouver la nationalité du vaisseau.

Pour constater la nationalité, il faut s'attacher aux règlements de la nation à laquelle le vaisseau appartient et c'est de ces règlements qu'on doit tenir compte et non de ceux de la nation à laquelle appartient le vaisseau de guerre.

Mais de quelque nature qu'ils soient, ces papiers de bord devront toujours prouver la propriété du navire, sa destination, la nature, la propriété des marchandises ; quelquefois le nombre et la nature des documents nécessaires pour prouver la nationalité du vaisseau en temps de guerre sont réglés par les traités. Dans plusieurs traités conclus par la France avec les autres puissances, il est établi une formule de passe-port en temps de guerre ; hors de ce cas, tous les papiers délivrés par le fonctionnaire légalement reconnu d'un Etat doivent être respectés comme les actes du souverain, et ce serait un attentat au droit de la souveraineté de vouloir les discuter ou les critiquer.

La destination neutre du navire suffit, si elle

est certaine à le mettre à l'abri de tout soupçon,
et s'il est démontré que le vaisseau qu'on a ren-
contré n'a pas cessé d'être neutre par la nature de
son chargement, le belligérant est obligé d'aban-
donner ce territoire pour lui sacré et inviolable.
La destination ennemie commande au contraire
un examen attentif; en certains cas, elle peut décider à elle seule la capture.

Mais la vérification des papiers n'est souvent
que le préliminaire d'une autre mesure que les
Anglais appellent « le right of search » et qu'ils
distinguent du « right of visit ». Après avoir pris
connaissance des papiers, l'officier chargé de la
visite peut, s'il a des doutes fondés, « parcourir le
vaisseau, en visiter les cales, faire ouvrir les ca-
chettes supposées, exiger au besoin l'ouverture des
caisses, se faire représenter les portions de la cargaison qu'il suspecte; il ne s'arrêtera qu'après
avoir surpris l'irrégularité qu'il soupçonne ou
s'être convaincu, par une recherche minutieuse,
du défaut de fondement de ses doutes » (1).

L'Angleterre ne rattache pas exclusivement à
l'état de guerre la visite des navires en pleine
mer; distingnant comme nous venons de le voir
la visite proprement dite ou droit de recherche de
la simple vérification de pavillon (deux actes que
la pratique française réunit et qu'elle comprend

1. Ch. Dupuis. *Le Droit de la guerre maritime*, p. 298.

dans le mot « droit de visite ») elle prétend exercer le droit de visite également en temps de paix.

Pour elle, la visite est une des formes sous lesquelles le belligérant poursuit son ennemi, ou sauvegarde ses droits ou intérêts à l'encontre des neutres, tandis que la recherche ou perquisition pacifique du pavillon constitue uniquement l'exercice de cette police maritime naturellement dévolue aux bâtiments de la marine militaire. Cette théorie quoique subtile est des plus dangereuses.

Hautefeuille la combat énergiquement dans son livre sur les droits et devoirs des nations neutres, titre XI, section III ; il rejette le droit de visite comme attentatoire à l'indépendance des Etats. Chaque souverain peut surveiller et visiter les bâtiments qui arborent le pavillon national, mais il ne peut pas déléguer ce pouvoir à un étranger.

Fiore adopte les mêmes idées, disant que, si après la guerre, il n'existe plus de belligérants, il n'existe pas non plus de neutres ; il n'y a plus de contrebande ni d'intérêt à vérifier la nature du chargement ; la liberté du commerce et l'indépendance du pavillon, ne peuvent recevoir aucune exception ni restriction.

D'autres auteurs, comme Ortolan, admettent la concession du droit de visite, mais par traités spéciaux et pour un temps déterminé.

A notre avis, tout souverain peut disposer de la

souveraineté de l'Etat qu'il gouverne, pourvu toutefois, qu'il le fasse dans les limites constitution-
nelles, et en déléguer conventionnellement tel où
tel attribut. Les traités stipulant le droit de visite
sont donc pleinement obligatoires.

Autre est la question de savoir si cette concession contractuelle est de bonne ou mauvaise politique.

La visite prête aux abus, et cela suffit pour qu'on
la réprouve surtout entre Etats pointilleux.

Droit d'arrêt, droit d'accès, droit d'appel, droit
de perquisition, voilà les phases de la visite. Or,
que de causes de susceptibilités et de brouilles
dans tous ces actes. De plus, nos intérêts commerciaux peuvent être lésés. Outre que le croiseur
d'une des nations auxquelles on entend attribuer
la police de la haute mer, peut être d'une nation
rivale intéressée directement à la destruction du
commerce déterminé, serait devenu le juge provisoire d'un navire français, juge compétent pour
faire tous actes d'instruction, de perquisition et de
saisie, par conséquent, à même de ruiner l'armateur et les chargeurs, en prolongeant l'interrup-
tion du voyage, on arrivait par la visite et la recherche à connaître pour le plus grand avantage
de certains concurrents, la provenance et la destination des marchandises, tous les détails d'une
expédition, tous les secrets d'une entreprise.

La France, sauf une courte éclipse que nous constaterons bientôt en étudiant les conventions de 1831 et 1833, résista toujours aux insinuations perfides et aux fallacieuses promesses de sa voisine d'Outre-Manche. Elle demeurait du reste fidèle, en agissant ainsi à ses glorieuses traditions de défenseur de la cause des neutres et de soutien même au prix de son sang de l'indépendance et du respect des pavillons.

Dès le traité des Pyrénées, n'avait-elle pas limité la saisie des articles dits « de contrebande de guerre » et déclaré les autres « de libre concurrence ».

En 1778, n'inscrivait-elle pas dans son droit public, la maxime : « vaisseaux libres, marchandises libres ». Par plusieurs traités conclus depuis 1769, la France avait soigneusement proscrit l'abus du droit de visite en temps de guerre, essayant de le restreindre à l'examen des papiers de bord et prohibant par des clauses expresses, l'ouverture des coffres, ballots et tonneaux.

Il y avait là tout un héritage d'honneur et de sacrifices, que nous ne pouvions pas répudier. Aucune concession politique, aucune alliance possible, ne pouvait nous dédommager de l'admission du droit de visite, comme politique internationale en temps de paix.

CHAPITRE V

L'ANGLETERRE, LA FRANCE ET LE DROIT DE VISITE

Raisons de la politique anglaise. — Sa campagne en faveur du
droit de Visite dans les congrès et. dans les traités. — L'Angleterre et les Etat-Unis. — Convention des 30 novembre
1831 et 22 mars 1833 avec la France. — Traité de Londres
du 20 décembre 1841. — Tolle général de l'opinion publique
en France. — Attitude de M. Guizot. — Négociations et signature du traité du 29 mai 1845. — Les instructions
concertées de 1845. de 1859 et de 1867. — Nécessité d'organiser un système international de répression de la traite.

CHAPITRE V

On sait avec quelle ardeur, avec quelle passion l'Angleterre avait pris en main depuis le commencement du siècle la cause de l'abolition de la traite. Des motifs divers l'y avaient poussée : un sentiment religieux profond et vrai, l'amour-propre national, et aussi et surtout l'intérêt de sa suprématie maritime et commerciale (1).

Pendant la guerre, elle avait reconnu tout le parti que l'on peut tirer du droit de visite pour ruiner les marines marchandes étrangères ; la paix lui enlevait ce terrible instrument de destruc-

1. « Tous les torys adversaires pendant 30 ans de la motion de Wilberforce, étaient devenus passionnés pour la liberté des nègres. Le secret de ces contradictions est dans les intérêts privés et le génie mercantile de l'Angleterre ; c'est ce qu'il faut comprendre afin de ne pas être dupe d'une philanthropie si ardente et pourtant venue si tard : la philanthropie est la fausse monnaie de la charité. » (Châteaubriand. Congrès de Vérone, p. 41, 42).

tion, elle eut la pensée extraordinaire de le conserver même pendant la paix, et c'est alors que commence sa campagne diplomatique pour l'obtenir.

Aussi après avoir obtenu du Congrès de Vienne qu'il fît entrer l'abolition de l'esclavage dans le droit public européen, le Cabinet de Londres demanda aussitôt comme conséquence de ce principe que les puissances se concédassent réciproquement le droit de visite sur les bâtiments de leurs nationalités respectives pour atteindre plus efficacement les négriers. Une première proposition d'acceptation du droit de visite fut faite après 1814 par Wellington à Talleyrand ; mais celui-ci s'aperçut bientôt que sa proposition était trop désagréable à la nation et au gouvernement pour qu'il pût la faire accepter.

Rééditée le 21 juillet 1816 par lord Castlereagh, cette offre fut également déclinée par le duc de Richelieu sous le prétexte qu'un pareil droit amènerait des difficultés. L'Angleterre se résolut alors à porter la question au Congrès d'Aix-la-Chapelle (novembre 1818). Elle y présenta un mémoire éloquent aux souverains assemblés réclamant : 1° la concession du droit de visite réciproque et capture des bâtiments qui appartiendraient aux États ayant aboli la traite et qui continueraient à se

livrer à ce trafic ; 2° assimilation de la traite à la
piraterie.

Le Comte de Nesselrode proposa alors d'établir sur un point central de la côte d'Afrique une
institution à laquelle tous les Etats de la Chré-
tienté prendraient part et dont le personnel aurait
le droit de visiter les vaisseaux et de les soumettre
à une enquête. Ce n'était pas du goût de lord Castlereagh qui voulait le droit de visite au profit de
l'Angleterre ; il n'obtint du Congrès qu'une déclaration où la traite était stigmatisée comme
sujet de honte pour toutes les nations civilisées,
mais nullement les concessions réclamées.

Au Congrès de Vérone, en 1822, la question est
reposée aux puissances réunies par Canning, qui
demande une déclaration au nom de l'alliance
entière, exhortant les puissances maritimes à déclarer la traite piraterie et à faire entrer aussi ce
principe et, par conséquent aussi, la visite dans le
droit public civilisé. MM. de Chateaubriand et de
Caraman répondirent que, pour prendre de telles
mesures, les massacres des colons de Saint-Do-
mingue étaient encore trop dans les mémoires ;
que l'opinion publique serait très hostile à cette
mesure et qu'enfin l'assimilation de la traite à la
piraterie pourrait difficilement être décidée dans
une conférence diplomatique. Les autres puissances ne se montrèrent pas plus favorables, elles se

disaient, en effet, qu'avec sa supériorité numérique la flotte britannique aurait, en fait, une fois le droit de visite établi, la police de toutes les autres marines ; c'était à leurs yeux une manifestation nouvelle de l'ancienne prétention de l'Angleterre à la domination des mers.

La campagne menée par l'Angleterre dans les congrès avait échoué. Elle n'avait pu arriver à aucune entente ni à aucune mesure internationale effective contre la traite. Elle changea dès lors de politique et déclarant qu'elle assimilait dans sa législation intérieure la traite à la piraterie avec peine de mort contre tout traitant, elle chercha à obtenir par des traités spéciaux ce qu'une entente collective lui avait refusé.

De 1815 à 1850 nous la voyons poursuivre sa campagne et obtenir des traités de l'Espagne, du Portugal, des Pays-Bas, de la Suède et du Brésil. (1)

Tous ces traités stipulent un droit de visite réciproque. Quant à la juridiction compétente, c'est tautôt celle des tribunaux mixtes, tantôt celle des tribunaux nationaux du navire capté.

L'Angleterre alla même plus loin et ce qu'elle

1. Avec le Portugal (traités des 22 juin 1815, 28 juillet 1817, 3 juillet 1842) ; avec l'Espagne, traités des 23 septembre 1817 et 28 juin 1835 ; avec les Pays-Bas, traités des 4 mai 1818 et 7 février 1836 ; avec la Suède, traité du 6 novembre 1824 ; avec le Brésil, traité du 23 novembre 1826.

ne pouvait obtenir de bonne grâce, elle l'obtint par violence.

C'est ainsi qu'une loi du 24 août 1839 autorise les croiseurs anglais à visiter et à saisir les navires portugais suspects de traite. C'était le droit de visite et de confiscation établi en dehors d'un accord international. Mêmes agissements avec le Brésil : Bill du 8 août 1845 permettant aux croiseurs anglais de saisir les navires brésiliens suspects, aux tribunaux britanniques de les juger. Ainsi substitution de l'Angleterre au Brésil dans l'exercice de ses droits de juridiction sur ses nationaux.

L'Angleterre s'adressa également aux Etats-Unis d'Amérique, et les deux gouvernements échangèrent de 1818 à 1823 des négociations : l'une de ces puissances voulant faire admettre à l'autre « que le seul moyen efficace d'abolir ce commerce serait trouvé dans la concession réciproque du droit de visite. »

Les Etats-Unis avaient déjà, par un vote du congrès du 15 mai 1820, décrété que tout Américain employé à la traite sur un bâtiment étranger, et que toute personne quelconque faisant partie de l'équipage d'un bâtiment appartenant à des citoyens américains ou ayant navigué pour leur compte, était déclaré coupable du crime de piraterie et soumis à la peine de mort.

C'était aller plus loin dans la sévérité des peines que le gouvernement anglais, de plus les Etats-Unis proposaient l'adoption par l'Angleterre de ces principes et une stipulation mutuelle des deux puissances de dénoncer et de punir comme crime de piraterie la participation dans la traite par leurs citoyens et sujets respectifs.

Mais l'Angleterre demandait autre chose, elle voulait la concession du droit de visite réciproque et le jugement des bâtiments capturés devant une commission mixte : autant de points que les Etats-Unis se refusaient absolument à admettre.

Le droit de visite n'existait point, en effet, en temps de paix, c'était exclusivement un droit de guerre, un acte de force justifié seulement par la nécessité ; quant au jugement des bâtiments américains saisis, il devait appartenir à leurs propres tribunaux. Le plus sage parti à prendre était donc de déclarer la traite crime de piraterie, car « si le crime de piraterie défini par le droit des gens est reconnu comme justiciable des tribunaux de tous les pays, n'importe à quelle nation l'accusé appartient ; au contraire, le crime de piraterie introduit et défini par les lois d'un pays quelconque est exclusivement justiciable devant les tribunaux de ce pays. »

Cette mesure était suffisante pour réprimer les

crimes de traite et tous les principes étaient sau-
vegardés.

C'est ce que consacra, le 13 mars 1824, une convention anglo-américaine déclarant la traite crime
de piraterie par les lois des deux pays. Quant au
droit de visite, il était partiellement autorisé ne
pouvant être exercé que par des officiers de marine
« dûment autorisés » et dans des zônes restreintes
aux seules côtes « de l'Afrique, de l'Amérique et
des Indes Occidentales. » Mais le cabinet anglais
refusa d'accepter les changements proposés par le
Sénat américain, qui refusait l'exercice du droit
de visite sur les côtes de l'Amérique, parties de
mer qui, disait-il, devaient rester sous la souveraineté absolue et exclusive des Etats-Unis.

La politique anglaise avait obtenu des Etats-
Unis certaines promesses et de bonnes dispositions, le moment lui parut alors bien choisi pour
faire en France de pareilles tentatives qui peut-
être lui rapporteraient de meilleurs résultats.

Après la Révolution de juillet, Louis-Philippe
éprouvait toutes les difficultés pour faire admettre
par l'Europe « sa royauté de pavés. » Une seule
puissance, l'Angleterre, pouvait entretenir avec lui
des sentiments amicaux, il fallait se la gagner, se
l'assurer par toutes les prévenances et au besoin
par quelques concessions. Une de celles-là devait
être la concession du droit de visite que stipu-

laient (1) les deux conventions du 30 novembre
1832 et du 22 mars 1833. Il s'agissait du droit de
visite tel qu'on l'entendait dans le vocabulaire
commun des peuples maritimes exercé dans toute
son étendue. Le croiseur devait reconnaître non
seulement la régularité des expéditions, mais le
caractère des opérations entreprises. Il devait
dresser et signer, en double original, un procès-
verbal énonçant non seulement l'époque et le lieu
de l'arrestation, le nom du bâtiment, celui de son
capitaine et ceux des hommes de son équipage,
mais encore le nombre et l'état corporel des esclaves trouvés à bord, une description exacte de
l'état du navire et de sa cargaison.

L'exercice de ce droit de visite était limité :

1° Aux côtes occidentales de l'Afrique, depuis le
Cap Vert jusqu'à une distance de 10° au sud de l'é-
quateur, c'est-à-dire depuis le 15° de latitude au
nord jusqu'au 10° au sud, et jusqu'au 13° de longitude à l'ouest du méridien de Paris ; 2° Tout autour
de l'île de Madagascar dans une zône de vingt lieues
de longueur ; 3° Et la même distance des îles de
Cuba et de Porto-Rico ; 4° Et la même distance des
côtes du Brésil : avec la stipulation que les bâtiments suspects vus et chassés par les croiseurs
dans les limites de la zône de vingt lieues pour-

_1. Martens. *Nouveau Recueil*, tome IX.

ront être visités hors de ces limites pourvu que les croiseurs n'aient pas perdu de vue ces bâtiments et n'aient pu les saisir dans ces limites. Les bâtiments saisis de cette manière devaient être amenés dans un port du pays auquel ils appartenaient pour y être jugés par les tribunaux et d'après les lois de ces pays.

Le nombre des croiseurs investis de ce droit de visite devait être fixé chaque année sans que, dans aucun cas, le nombre des croiseurs d'une nation puisse dépasser du double celui de l'autre.

Des instructions seront rédigées et arrêtées en commun par les deux gouvernements pour les croiseurs de l'une et l'autre nation qui devront se prêter une mutuelle assistance.

On admettait, de plus, une présomption de traite quand on trouvait à bord du navire certains objets indicateurs d'un commerce illicite comme des écoutilles en treillis, des chaînes, des colliers de fer, des menottes, une quantité superflue de barriques d'eau, etc., etc.

Enfin des garanties spéciales étaient organisées pour le vaisseau visité. L'officier du croiseur qui visite le bâtiment remettra au capitaine un certificat signé de lui indiquant son rang dans la marine militaire de son pays ainsi que le nom du vaisseau qu'il commande et le but de la visite (1).

1. Annexe à la convention supplémentaire relative à la répression de la traite des noirs en date du **29 mars 1833**.

Dans le cas de capture, procès-verbal sera dressé et signé en double original énonçant l'époque et le lieu de l'arrestation, le nom du bâtiment, celui de son capitaine et ceux des hommes de son équipage ; description exacte de l'état du navire et de sa cargaison. Les navires capturés devront être remis sans délai à la juridiction des tribunaux de leur nation et pourront exiger des dommages et intérêts devant le tribunal qui avait été primitivement saisi de leur cause, quand ils auront été arrêtés indûment ou sans motifs de suspicion ou lorsque la vente et l'arrestation auront été accompagnés d'abus ou de vexations.

La France s'associait en outre à une œuvre de propagande en acceptant l'article 9 du traité de 1831 ainsi conçu : « les hautes parties contractantes sont d'accord pour inviter les autres puissances maritimes à y adhérer dans le plus bref délai possible. » On est autorisé à en conclure que les nombreux traités particuliers conclus pendant les dix-huit années qui suivirent, en vue de la suppression de la traite maritime, sont dûs à l'action collective de la France et de l'Angleterre. La règle adoptée par le traité semblait devoir définitivement entrer dans le droit positif par l'adoption explicite de plusieurs Etats.

Du reste cet accord dura dix ans et l'application de la convention ne suscita pendant ce laps de

temps aucun mécontentement ni rumeur et ne
donna lieu à aucune plainte sérieuse. Tout le
monde paraissait être de l'avis de Guizot quand il
s'écria à la Chambre des députés dans une discussion : « les mers restent libres comme auparavant ; il y a seulement un crime de plus dans le
Code des nations et il y a des nations qui s'engagent à réprimer en commun ce crime réprouvé
par toutes. »

Il semblait que l'opinion publique se fut désin-
téressée de la question quand on apprit en janvier
1842 la conclusion d'un nouveau traité celui de
Londres du 20 décembre 1841 entre la France,
l'Angleterre, l'Autriche, la Prusse et la Russie. Ce
traité avait été négocié par le cabinet de Londres
qui voyait dans le droit de visite le seul moyen
d'atteindre efficacement les négriers qui avaient
toujours à bord plusieurs pavillons différents et
s'en couvraient successivement pour échapper aux
croiseurs. L'argument était sérieux, sincère et
quoique très peu désintéressé il reçut l'approbation
des puissances. M. Guizot avait agi sans hésitation
ne voyant dans cette convention nouvelle que la
confirmation d'un régime accepté depuis dix ans
par l'opinion française et pratiqué sans avoir
donné lieu à de sérieux abus. Les Cinq puissances
(art. 1) déclarent tenir la traite pour piraterie et
considèrent comme dénationalisé tout navire rele-

vant d'elles qui se livre à ce trafic. Celles-ci admettent que leurs vaisseaux de guerre qui auront des ordres et des mandats spéciaux pourront visiter tout navire marchand appartenant à une des parties contractantes, qui serait sur des motifs raisonnables soupçonnée de faire la traite ou d'avoir armé à cet effet. Cependant le droit de visite réciproque ne pourra pas être exercé dans la Méditerranée. La zone où le droit de visite pourra s'éfectuer sera limité au Nord par le 32° de latitude nord, à l'Ouest par la côte orientale d'Amérique, et partant du point ou le 32° degré de latitude Nord atteint cette côte jusqu'au 45° degré de latitude sud ; au sud par le 45° degré de latitude sud, à partir du point où ce degré atteint la côte orientale de l'Amérique jusqu'au 80° de longitude est du méridien de Greewich ; à l'est par le même degré de longitude en partant du point où ce degré est coupé par le 45° de latitude sud jusqu'à la côte de l'Inde.

Le traité contient diverses autres stipulations pour régler la manière d'exercer le droit de visite, pour faire juger les bâtiments saisis par devant les tribunaux compétents du pays auquel ils appartiennent et suivant les formes et les lois en vigueur dans ce pays, et pour déterminer les dommages-intérêts dûs par les capteurs en cas d'une saisie illégale et sans une cause suffisante de sus-

picion ou en cas que la visite ou la détention aient
été accompagnées d'injures et de vexations.

Tout à coup la discussion de l'adresse à la
Chambre des députés réveilla les sentiments qu'on
croyait assoupis. MM. Billault, Dupin, Thiers,
Berryer, l'amiral Lalande dénoncèrent en termes
enflammés l'acte du 20 décembre excitant le patriotisme français contre le despotisme anglais.
M. Guizot tint tête aux assaillants, mais en vain
insista-t-il s'écriant « qu'il était de l'honneur du
pays de tenir sa parole » que la ratification puis-
qu'on s'y était engagé devait être remplie. Il demeurait dans la douloureuse alternative où de se
brouiller avec l'Angleterre avec le gouvernement
de laquelle « une entente cordiale » s'ébauchait
grâce à l'avènement au pouvoir de lord Aberdeen
homme conciliant et modéré, ou avec le par-
lement français.

La vraie raison de cet universel tolle était moins
la cause des nègres dont beaucoup se souciaient
fort peu, que les événements qui venaient de se
passer. On était au lendemain des démêlés internationaux provoqués par les affaires de Syrie et de
l'Egypte ; l'Europe poussée par « le plus Anglais
des Anglais », lord Palmerston, venait de régler
sans notre participation, la question d'Orient, par
la convention du 15 juillet 1840.

Il n'en fallait pas plus pour ameuter l'opinion

publique, qui ne tolérerait jamais que le roi, usant de ses pouvoirs constitutionnels, ratifiât le nouveau traité, sans l'autorisation des Chambres.

Du reste, il faut l'avouer, le traité de 1841 prêtait à certaines critiques, très justes et très fondées. Avec la zone déterminée par l'article 2, l'Atlantique et la mer des Indes étaient livrés au droit de visite ; les vaisseaux anglais, croisant en face de nos possessions, avaient tout loisir pour tuer au profit des Indes anglaises le commerce du Sénégal, de la Guyane, des Antilles. Qu'importait au contraire, l'exercice du droit de visite à la Prusse, dépourvue de marine, à l'Autriche, qui n'avait pas de colonies, à la Russie, dont les navires ne sillonnaient guère que la mer Noire et la Baltique. On ne trouvait plus dans le traité nouveau l'exigence d'une convention annuelle pour la fixation du nombre des croiseurs. Donc, plus de limite aux croiseurs. Enfin, la clause de réciprocité n'était-elle pas un leurre, étant donnée la supériorité numérique de la marine anglaise ?

La situation de Guizot était bien pénible au milieu de toutes ces irritations. Il envoya à Londres M. de Ste-Aulaire, le 17 février, avec cette instruction : « Voici nos deux points fixes : 1° nous ne pouvons donner aujourd'hui notre ratification ; 2° nous ne pouvons dire à quelle époque précise nous la donnerons ».

On se borna, à Londres, à constater l'absence de la ratification française et on déclara, sur le conseil de Metternich, « que le protocole jusqu'alors ouvert pour la France était clos ».

Mais, on restait sous l'empire des traités de 1831 et 1833, et l'opinion publique était très montée contre eux ; St-Marc-Girardin, Dupin, recommencèrent la lutte « pour replacer notre commerce sous la surveillance exclusive de notre pavillon » et abolir le droit de visite.

Les négociations donc continuèrent. Les pourparlers commencés à Eu avec Aberdeen continuèrent, et à son voyage à Windsor, M. Guizot causa du droit de visite avec lord Aberdeen et les chefs de l'opposition et leur demanda de rechercher des moyens efficaces autres que le droit de visite.

« Quand on est embarrassé, s'était écrié Thiers, on nomme des commissaires ». C'est ce qui arriva, le duc de Broglie fut nommé pour la France, le docteur Lushington et Aberdeen pour l'Angleterre.

On finit, enfin, par arriver à une transaction.

Le traité du 29 mai 1845 substituait la vérification du pavillon à la visite, grâce à un système de deux escadres françaises et anglaises composées d'un nombre déterminé de croiseurs manœuvrant de concert et prévoyant les traités à conclure avec les chefs indigènes, afin de pouvoir au besoin agir sur terre.

L'officier pouvait recourir aux moyens coercitifs, aborder le navire aux couleurs françaises, et s'assurer de sa nationalité par « l'examen des papiers de bord ou par toute autre preuve ».

Chacune des parties contractantes devait entretenir sur la côte d'Afrique au moins 26 vaisseaux de guerre.

Quant aux conventions de 1831 et 1833, elles seraient suspendues pendant dix ans, et au bout de ce temps, elles seraient non pas remises en vigueur si elles n'étaient abrogées d'un commun accord, mais au contraire, considérées comme définitivement abrogées.

Quant au droit de vérification de la nationalité des bâtiments, on s'en référait aux instructions « fondées sur le principe du droit des gens et sur la pratique constante des nations maritimes » qui seraient adressées aux commandants des escadres et dont le texte serait annexé au nouveau traité.

Guizot avait remporté un véritable succès diplomatique et il pouvait légitimement écrire dans une de ses lettres : « Je suis content. La session des Chambres finit bien, mes adversaires sont découragés ».

Les instructions de 1845 interdisaient d'arrêter, de visiter aucun bâtiment français. Un croiseur anglais avait-il des soupçons sur la sincérité du pavillon arboré ? Une chaloupe était détachée, elle

allait faire le tour du vaisseau soupçonné de fraude
et si elle reconnaissait que sa nationalité était bien
la nationalité française, elle devait se retirer aussitôt. Elle n'était autorisée à accoster que si la
force du vent l'y contraignait.

Dès que la nationalité française était reconnue,
l'officier anglais se retirait en toute hâte, laissant
un procès-verbal où il indiquait le nombre des mi-
nutes qu'il avait passées à bord. Le droit d'enquête
sur la nationalité du navire n'était pas limité à des
parages distincts ; il pouvait être exercé par tout
navire de guerre sur toute la surface des mers.

De nouvelles instructions furent édictées en
1859 admettant que « la vérification consiste dans
l'examen des papiers établissant la nationalité du
navire ».

« Quand la présomption de nationalité résultant
des couleurs arborées par un vaisseau marchand
peut être mise sérieusement en doute à raison
d'informations positives ou d'indications de nature
à faire croire que le navire n'appartient pas au
pays dont il porte le drapeau, le vaisseau de
guerre étranger peut avoir recours à une verifica-
tion de nationalité ». « Un navire peut être envoyé dans ce but vers un navire suspect après
qu'on lui a demandé le but de sa mission. La vérification consiste dans l'examen des papiers établissant la nationalité du navire. On ne peut rien

demander de plus, que la production de ces documents. Le capitaine d'un navire étranger ne devra jamais monter à bord ou envoyer à bord d'un navire marchand, sauf en cas de soupçon légitime de fraude. En dehors des couleurs arborées il y a de nombreuses indications qui permettent à un marin de reconnaître la nationalité d'un navire.

Restent enfin les instructions de 1867 qui forment aujourd'hui encore le droit commun de notre marine marchande et de notre marine de guerre (1).

Nous venons de voir combien passionnées, violentes avaient été les discussions au sujet du droit de visite entre la France et l'Angleterre qui n'avaient pu amener aucun traité, mais de simples instructions qui, concertées entre les puissances et révocables selon leurs volontés, allaient réglementer la matière.

Les Etats-Unis suivirent au début les inspirations qui avaient animé la Chambre française lorsqu'elle refusa de signer tout traité concédant le droit de visite. Le traité du 9 août 1842 signé à Washington montrait clairement que les Etats-Unis voulaient suivre leurs propres lois et les faire exécuter par leur propre autorité et se refusaient à

1. Celles-ci sont étudiées plus loin.

des mesures qui avaient pour but de placer la
police des mers entre les mains d'une seule puissance. Le gouvernement se refusait non seulement
à reconnaître le droit de visite, mais il assurait
qu'il n'avait point reconnu la différence établie
par le quintuple traité du 20 décembre 1841 entre
le droit de visite proprement dit et le droit de s'assurer de la vraie nationalité d'un bâtiment. Mais
pour réprimer la traite d'autres moyens, et c'est
ce que le traité de Washington affirmait en maintenant de concert avec l'Angleterre sur les côtes de
l'Afrique deux escadres indépendantes l'une de
l'autre, mais assez nombreuses pour assurer séparément et respectivement l'exécution des lois et
obligations des deux pays contre la traite.

Mais bientôt des difficultés pratiques s'élevèrent
dans l'exécution du traité (1). Ainsi, en 1858, les
croiseurs britanniques ayant reçu l'ordre, qu'ils
exécutèrent aussitôt, de visiter de nouveau les navires nord-américains, le cabinet américain con-
sidéra ce procédé comme une violation de son pavillon et protesta en prétendant que les Etats-Unis
seuls avaient le droit d'exercer la police et la surveillance sur les navires de leur marine marchande.

Les jurisconsultes anglais blamèrent la conduite des croiseurs qui s'étaient arrogé un tel

1. *Revue des Deux Mondes* du 1er juillet 1858.

droit, et lord Lyndthurst proclama, le 26 juillet 1858, dans un discours à la Chambre des communes, que : « la règle relativement à la pleine mer, c'est que toutes les nations y sont égales. Quel droit a le navire d'une nation d'entraver un navire d'une autre nation quand leurs droits sont égaux ? Aucune nation n'a le droit d'entraver la navigation d'une autre nation ».

Donc les Etats-Unis avaient jusqu'ici repoussé avec la dernière énergie le droit de visite comme constituant un droit de police maritime en faveur de l'Angleterre, faisant ressortir combien il compromettait la liberté de la navigation et affirmant leur détermination de ne l'accorder à aucune puissance maritime. Le gouvernement anglais de son côté renouvelait, multipliait ses efforts pour obtenir de celui des Etats-Unis son consentement à l'exercice du droit de visite en temps de paix, comme le moyen le plus efficace de supprimer la traite.

Il allait bientôt recevoir pleine et entière satisfaction, car en 1862, dans un revirement subit autant qu'inattendu de leur politique, les Etats-Unis donnant en cela un exemple mémorable de solution brusque avec tout le passé de leurs traditions nationales, oublièrent toutes leurs susceptibilités ombrageuses et conclurent, le 7 avril, avec l'Angleterre, un traité. Les deux parties contractantes consentent mutuellement à ce que les navires pourvus d'instructions spéciales à cet effet « puissent visiter les navires marchands » qui seront suspects de se livrer à la traite. Ce droit ne s'exercera que dans certains parages désignés par l'article 1er (1) des mers de la côte d'Afrique. Des tribunaux mixtes devaient statuer sans appel sur les prises. Les coupables seraient punis d'après les lois nationales.

Cette conduite des Etats-Unis qui avaient toujours refusé avec tant d'énergie d'accorder le droit de visite réciproque et qui s'étaient toujours montrés si susceptibles sur l'honneur de leur pavillon et sur le maintien de la juridiction nationale pour tous bâtiments arrêtés, paraîtrait assurément étrange si on ne se rappelait qu'en 1861 la guerre de Sécession éclatait et que les Etats du Nord recherchaient par tous les moyens la bienveillance, même l'assistance morale de la puissante rivale d'autrefois. Les nécessités politiques avaient donc mieux que les considérations philantropiques et humanitaires amené les Etats-Unis à sacrifier une part de leur orgueil national et de leurs traditions. L'Angleterre triomphait grâce aux événements et obtenait ainsi un succès d'autant plus

1. Ce droit ne sera exercé qu'à 200.000 de la côte d'Afrique, et au sud de la 32e parallèle de latitude nord et à 30 lieues de la côte de l'île de Cuba.

grand que déjà à cette époque vingt-quatre traités l'unissaient aux autres nations maritimes lui concédant ce droit de visite tant désiré, objet de tous ses vœux et de tous ses efforts.

Donc, à partir de 1842, nous trouvons l'histoire de la répression de la traite se partageant en deux branches : d'un côté l'Angleterre, l'Allemagne (1), l'Autriche, la Russie, la Belgique, le Danemark, la Sardaigne, la Suède les villes hanséatiques demeurées fidèles au principe du traité de 1841 ou plutôt à celui du traité anglo-français de 1831.

Ajoutons-y l'Espagne, le Portugal, les Etats-Unis qui n'avaient contracté qu'avec l'Angleterre.

De l'autre, la France qui s'en étant détachée s'était provisoirement unie dans un certain accord organisé par le traité du 29 mai 1845 ; et qui le 29 mai 1855 finit, faute de renouvellement des conventions antérieures par n'avoir plus aucun engagement vis-à-vis de l'Angleterre.

Seules des instructions rédigées d'un commun accord apportaient à la question une solution provisoire.

Un principe servait alors de base à tous les traités en vigueur, c'était l'autorisation concédée réciproquement aux navires de guerre, de visiter

1. Le traité du 20 décembre 1841 fut étendu en 1848 à la Belgique et en 1879 à l'Allemagne.

et d'arrêter les bâtiments de commerce des autres parties contractantes, qui se livrent où sont soupçonnées se livrer à la traite des nègres. Des instructions aux croiseurs règlent minutieusement les garanties apportées à ce droit de visite.

La principale de ces garanties c'est l'obligation de délivrer à chacun des croiseurs un mandat dont la formule est également annexée au traité et qui émane de la partie contractante autre que celle dont le croiseur porte le pavillon.

De plus le droit de visite ne peut être exercé que dans une zone déterminée par chaque traité. Tantôt elle contourne les côtes, tantôt elle comprend une partie plus ou moins vaste de l'Océan.

Les bâtiments arrêtés devaient être en général jugés d'après les lois en vigueur dans leur propre pays.

Dans tous les traités on trouvait une clause désignée sous le nom « equipment article » et contenant la momenclature uniforme d'un certain nombre d'objets d'équipement où d'approvisionnement dont la présence à bord du bâtiment de commerce constituait présomption de traite entraînant saisie et condamnation du navire.

Malgré tout, il n'existait point de système international au vrai sens du mot pour la répression de la traite. On ne pouvait appliquer entre toutes les puissances les dispositions contenues dans ces

De Montardy   7

divers traités. Le droit de visite n'était concédé que par certaines puissances ; la zone dans laquelle il était autorisé variait selon les conventions particulièrement du côté de l'Orient.

Ces conventions particulières avec dispositions différentes ou bien exprimant les mêmes principes en des formules variées, entraînaient de notables divergences dans la pratique.

Un traité ou Acte général s'imposait par lequel tous les signataires se trouveraient liées les uns envers les autres et qui établirait ainsi l'égalité des droits et des devoirs et la complète réciprocité nécessaire pour une répression uniforme et efficace.

TROISIÈME PARTIE

La traite pendant et après la Conférence de Berlin

CHAPITRE VI

L'ESCLAVAGE ORIENTAL ET LA TRAITE AFRICAINE

Nécessité pour les pays d'Orient d'avoir des esclaves. — Leur état social. — La traite africaine les leur fournit. -- Distinction entre la traite coloniale et orientale. — Horreur particulière de cette dernière. — Lieux où elle s'effectue. — Comment s'opère le recrutement des esclaves. — Les marchés. — L'esclave pris comme monnaie. — L'Angleterre et ses conventions humanitaires avec les pays d'Orient.

CHAPITRE VI

L'ESCLAVAGE ORIENTAL ET LA TRAITE AFRICAINE

Les conventions conclues entre les Etats européens et les Etats-Unis d'Amérique avaient principalement pour but la répression de la traite des nègres pratiquée entre la côte d'Afrique surtout la côte occidentale et les Etats à esclaves de l'Amérique du nord et du sud. L'esclave disparut dans cette partie du monde et la traite ne s'y opéra plus.

L'Europe put croire un moment qu'elle avait triomphé. C'était une erreur : d'occidentale, la traite devint orientale, c'est-à-dire plus horrible plus épouvantable que jamais. Mais peut-on se dire, que font donc les orientaux de leurs esclaves ? Ils laissent tomber en ruines les monuments légués par l'antiquité ; les riches terres de leurs domaines se changent en déserts ; leur industrie élémentaire est insuffisante pour leurs besoins. Que font-ils des hommes achetés sur les marchés. Est-ce que leur race s'éteint comme leurs champs deviennent stériles ?

L'esclavage oriental nous rappelle l'esclavage de l'antiquité qui donnait à Rome dégénérée un supplément indispensable de population, des administrateurs aussi bien que des ouvriers. Le nègre est un élément essentiel de la société musulmane. La traite lui donne un double élément : elle lui donne cette foule de travailleurs qui remplit les champs, les rues, l'armée, puis elle donne les mères de famille. La nature ne s'étant pas arrangée pour que les Musulmans aient dans leur pays plus de femmes que d'hommes; étant polygames, ils sont obligés, pour peupler leurs harems, d'aller en chercher ailleurs (1).

Partout où pénètrent les Musulmans, la traite s'organise pour alimenter d'esclaves les pays où dominent les disciples du prophète. Les Musulmans ne savent pas travailler; il leur faut des

1. Le désir de posséder de nombreuses femmes est une des principales causes du dépeuplement du pays par les Arabes. Un Arabe raisonnable va jusqu'à 300 femmes ; d'autres vont jusqu'à 5 et 600. Pour se procurer des femmes, il faut, ou faire la guerre et les prendre, ou les épouser ou les acheter, ce qui est synonyme pour eux. Une femme libre vaut 10 esclaves ou plus; il faut compter que pour se procurer ces 10 hommes, les Arabes devaient en massacrer au moins 100 ; on est donc en droit d'en conclure que la formation d'un harem moyen coûte la vie à 6.000 personnes.

serfs ou des esclaves, des bras étrangers auxquels
le travail soit remis. Ceux de l'Arabie n'ayant pas
de serfs pour leur gagner du pain achetèrent des
esclaves aux nègres. Le Coran légitime l'esclavage
imposé par les croyants aux infidèles ; en outre,
l'esprit de propagande et de domination, qui est
l'essence même de l'islamisme, les pousse à aug-
menter leurs conquêtes et à faire peser leur joug
sur de nouvelles tribus d'infidèles ; le mal ne fait
que croître en étendue et en intensité. Enfin, les
Musulmans sont de précieux auxiliaires pour les
marchands d'esclaves qui se chargent de fournir
les marchés d'Europe, d'Asie et d'Afrique. Aussi
Schweinfurth a-t-il pu écrire : « L'histoire du ma-
hométisme n'est partout que celle du mal ; fils du
désert, l'Islam fait un désert de tous les lieux où
il pénètre, détruit chez l'homme tout sentiment
fécond ; tous les peuples qui ont subi son influence
se sont figés en une masse homogène d'où a disparu tout caractère de nationalité et de race. Il
n'est pas vrai que l'Islam soit susceptible de progrès, l'en croire capable est une illusion. »

La traite coloniale ne s'exerçait guère que sur
les adultes et plus particulièrement sur les hommes. Ce que demandaient les colons d'Amérique,
c'était la plus grande somme de travail pour leurs
cultures. Or, pour cela, il leur fallait des hommes
faits.

En Afrique, les conditions sont changées. Sur cette terre, voué à la souffrance, le nègre adulte n'a qu'une pensée : s'enfuir pour reconquérir sa liberté.

De plus, les conditions de culture dans certaines parties sont si favorables, que le travail de l'homme est presque inutile, celui de la femme suffit.

C'est donc la femme et l'enfant qui, sur les marchés de l'intérieur, remplacent l'homme dans la vente. Faibles et timides, ils reculent devant les incertitudes et les dangers d'une fuite. On les achète ainsi sans crainte, les femmes pour des débauches sans limites, les enfants pour les coups.

De plus, pour porter les esclaves dans le Nouveau-Monde, le voyage était difficile et de longue durée. La navigation à voile existait seule. La vente de l'homme était donc forcément limitée.

Avec la traite orientale, la vente, la chasse devinrent perpétuelles et à la portée de tous. Il suffisait, pour l'alimenter, d'un métis avec sa troupe esclavagiste.

Les Européens eux-mêmes rivalisèrent avec ces derniers d'une façon peut-être plus déguisée, mais non moins coupable. La grande richesse de l'Afrique, c'est l'ivoire que donne la race inépuisable des éléphants des steppes tropicales. L'ivoire est apporté à Khartoum, Zanzibar, Natal. On a commencé par voler l'ivoire aux indigènes ; ensuite, on a volé les indigènes eux-mêmes et on s'en est servi comme bête de somme pour transporter l'ivoire. Puis quand on est arrivé aux premiers établissements arabes, on a réfléchi qu'on pouvait joindre un troisième bénéfice à celui du vol, de la chasse, on a vendu les porteurs eux-mêmes aux négriers. Ainsi, les Européens ne sont pas négriers, mais commerçants en gros ; ils cachent la vente des esclaves et ils montrent le trafic de l'ivoire.

Cette traite nouvelle des Européens complète l'autre. Les marchands civilisés courent dans les contrées fertiles ; les Musulmans barbares se reportent dans les déserts.

Le pays où se faisait la traite comprenait trois régions :

1° Le Soudan occidental (Sénégal, Niger, lac Tchad) ;

2° Le Soudan oriental qui enveloppe tout le bassin du Nil en amont de Wadi-Halfa, y compris l'Abyssinie ;

3° Enfin le bassin des grands lacs Albert et Victor Nyanza ou se sont formés les États considérables de l'Ouganda et de l'Ouniora.

La traite se concentrait surtout au cœur même du continent d'Afrique, et le mouvement général

d'exportation se dirigeait du centre vers la cir-
conférence. Presque toutes les routes aboutissaient
vers la mer Rouge, le golfe d'Aden et l'Océan Indien, et ce flot humain venait s'engouffrer dans
ces contrées d'Orient « pas plus insatiables que
le désert dévorant les torrents versés par les
pluies. »

Chaque année, 500.000 esclaves disparaissaient,
vendus ainsi sur les marchés de l'intérieur africain, et Cameron rapporte que pour se procurer
50 femmes qu'il devait vendre, un négrier a détruit 10 villages qui comptaient chacun jusqu'à
300 âmes et massacré tous leurs habitants. Cela
faisait 2 millions de noirs mis à mort ou vendus
chaque année.

Quant aux procédés de recrutement de ces trou-
pes d'esclaves, ils sont toujours les mêmes ; les
bandits se glissent furtivement la nuit dans les
villages, puis s'élancent sur les cabanes en bran-
dissant leurs torches allumées qui répandent partout les flammes de l'incendie. Les indigènes,
arrachés à leur sommeil, sont désarmés ou mas-
sacrés, et les privilégiés qui échappent au meurtre ou à l'incendie ne retrouvent plus qu'un désert
peuplé de cadavres et de ruines fumantes.

« Sur 118 villages, les Arabes ont fait 3.000
esclaves. Il leur a fallu tuer pour cela 2.500 hommes adultes pour le moins et, de plus, 1.300 de

leurs captifs ont succombé au désespoir et à la maladie. Étant donnée cette proportion, la capture de 10.000 esclaves par les cinq expéditions arabes n'a pas coûté la vie à moins de 33.000 personnes. Et encore quels esclaves que ceux que je vois là enchaînés et pour lesquels frères, pères et maris ont répandu leur sang. De faibles femmes, de tout petits enfants ! Pour jeter dans les fers un garçon de 4 ans, on a sacrifié des familles entières de six personnes » (Stanley, *Cinq années au Congo*, p. 454).

Alors, commence pour les captifs ces longs voyages à travers les déserts africains. Ceux-ci sont souvent joints l'un à l'autre, à l'aide d'un bâton de trois centimètres de diamètre environ, percé d'un trou à chaque extrémité et chaque trou aboutit à un collier tressé en cuir de bœuf et entourant le cou de ces malheureux esclaves.

D'autrefois, ils sont attachés à une simple corde qui relie les captifs à leurs maîtres négriers, voyageant à cheval, à âne où à dos de chameau.

Il faut aller rapidement pour arriver le plus tôt possible au lieu de destination et éviter les frais de nourriture qui sont pourtant fort modiques.

Quand ces malheureux succombent, le maître a vite fait de les achever d'un coup de massue ou d'une balle dans la tête, ou bien pour ne pas les laisser à d'autres, il leur coupe les muscles des bras et des jambes.

Les hyènes et les chacals terminent l'œuvre de la destruction, mais laissent pourtant assez de débris et d'ossements pour qu'on puisse sans difficultés retrouver la route suivie par une caravane d'esclaves.

Quant à ceux qui arrivent à destination, voici d'après M. Léo Quesnel (1) ce qui en advient : « Les crieurs publics sont à la besogne et procèdent aux enchères ; chacun d'eux traîne plusieurs esclaves, l'une en avant qu'il guide par la main, les autres suivent seules par derrière. Ils tournent sans cesse autour du marché montrant leur marchandise, sollicitant des acheteurs. Un Arabe accroupi fait un signe ; on lui en amène une, l'esclave qu'il a désignée. Elle se place devant lui, debout ou à genoux, comme il veut. Il l'examine, la tête dés pieds à la tête, regarde sa bouche, ses dents, ses yeux, ses narines ; après quoi il renchérit ou laisse passer. S'il laisse passer, l'esclave rajuste son corsage écarté ; le crieur recommence sa marche et ses cris pour s'arrêter sur un autre signe et soumettre la pauvre esclave au contrôle d'un nouvel acheteur ».

Le bénéfice de ces ventes est toujours certain

1. Le Maroc. *Voyage d'une mission française, à la Cour du Sultan.*

pour l'esclavagiste. Rappelons, par exemple, le compte d'un clipper américain qui transporta 1.200 esclaves, dont 850 seulement arrivèrent vivants. Ces 1.200 esclaves avaient été achetés 100 fr. chacun, soit 120.000 fr.; les frais de voyage s'élevaient à 65.000 fr.; les 850 esclaves survivants furent vendus 1.250 fr. chacun, soit 1.062.500 fr., le produit net était donc de 877.500 fr.

Du reste, même en dehors de l'échange et de ses variations, l'esclave constitue par lui-même une monnaie.

Dans le Bornou, les princes donnent des esclaves à leurs visiteurs ou à leurs courtisans.

« Les officiers égyptiens, nous dit M. Baker, avaient l'habitude de recevoir une portion de leur paye en esclaves, précisément d'après le système suivi sur les bords du Nil, par les négociants et leurs subordonnés. Mais, cette monnaie humaine a dû être d'autant plus employée que l'armée plus nombreuse exigeait plus de dépenses de toute sorte, et tarissait les sources des revenus. Les esclaves recrutent l'armée, l'armée dépense plus que les ressources du pays ne le permettent, et pour combler le déficit on paie les fonctionnaires avec des esclaves. Toutes ces misères retombent toujours sur la race noire. »

Lorsqu'on réfléchit à de si horribles détails, on se prend presque à regretter la traite coloniale qui, au moins, s'exerçait sur des adultes vigoureux et bien formés ; et surtout l'on comprend l'émotion douloureuse de Livingstone (1), lorsqu'il écrivait : « Quand j'ai rendu compte de la traite de l'homme dans l'est de l'Afrique, je me suis tenu très loin de la vérité, ce qui était nécessaire pour ne pas être taxé d'exagération ; mais, à parler en toute franchise, le sujet ne permet pas qu'on exagère » : « amplifier les maux de l'affreux commerce est tout simplement impossible. Le spectacle que j'ai eu sous les yeux, incidents communs de ce trafic est d'une telle horreur que je m'efforce sans cesse de le chasser de ma mémoire et sans y arriver. Les souvenirs les plus pénibles s'effacent avec le temps ; mais les scènes atroces que j'ai vues se représentent, et la nuit me font bondir, horrifié par la vivacité du tableau ».

La question se reposait de nouveau aux philanthropes et à l'aréopage des nations civilisées, et Cameron s'adressant à elles, s'écriait : « La question qui se pose au monde civilisé est celle-ci : doit-on permettre un commerce d'esclaves qui, en Afrique, cause au minimum une perte annuelle de plus de 500.000 existences ; doit-on permettre à l'odieux trafic de continuer ? »

L'Angleterre n'était point restée sourde à la

1. *Dernier journal de Livingstone,* Tome II, p. 250.

voix d'un de ses plus valeureux enfants, et ses efforts persistant, avaient fini, montrant la route à
suivre à l'Europe, par établir au moyen de conventions avec les Etats africains et asiatiques une
reconnaissance partielle du droit des hommes à la
liberté.

Ces traités peuvent se diviser en deux catégo-
ries :

La première comprend ceux qui ont été conclus avec l'Egypte, le 4 août 1877, la Turquie le 25
janvier 1880, la Perse, le 2 mars 1882.

Ces traités à la différence de ceux des Etats européens contiennent des clauses ayant pour but la
suppression et l'abolition de l'esclavage en général
et du trafic des nègres à l'intérieur des Etats con-
tractants où il existe encore. Le droit de visite y est
maintenu. Mais le droit de saisie n'est accordé que
s'il y a des esclaves à bord. Aucune réglementation du droit de visite ; il est concédé par réciprocité aux croiseurs égyptiens et ottomans.

Pour l'Egypte et la Turquie, limitation du droit
de visite à la mer Rouge, au golfe d'Aden, à la
côte orientale d'Afrique et à la côte d'Arabie, eaux
maritimes de l'Egypte et ses dépendances.

Pour la Perse, le traité ne limite pas le droit de
visite à une zône déterminée.

La *deuxième* catégorie de ces traités comprend

ceux avec les Etats indigènes de l'Océan indien,
avec un certain nombre de chefs du golfe Persique, d'Oman, de la côte orientale d'Afrique dans
le pays des Somalis. Le régime de la répression de
la traite organisée par ces traités s'étendait donc
au littoral de l'Océan indien en entier. sauf la partie de la côte du continent africain située entre les
possessions zanzibariennes et le cap Guardafui et
une certaine étendue de la côte d'Arabie.

Certains traités même avaient été conclus dès
1876 avec certains chefs de la côte occidentale
d'Afrique (1).

Toutes ces conventions contiennent l'engagement d'interdire le trafic des nègres opéré par les
sujets des parties contractantes ou par les personnes, se trouvant sous leur dépendance sous la
forme d'importation ou d'exportation (2). Un décret du Khédive daté du 1er janvier 1878 devait
interdire tout transport et tout trafic d'esclaves.

Mais ces mesures étaient loin de produire ce

1. Quelques-uns de ces traités contiennent des clauses pour
l'abolition des sacrifices humains et d'autres coutumes barbares, mais aucun d'eux ne touche à l'esclavage domestique.

2. Les traités de Zanzibar et Mascate (1873) y ajoutent l'interdiction du transit. Reconnaissant aux croiseurs britanniques du droit de vente, de saisie et de confiscation des bâtiments envoyés dans le trafic des esclaves ou soupçonnés de
s'y livrer.

que l'entente commune allait pouvoir bientôt réaliser, nous allons voir les généreux efforts des puissances répondant, elles aussi, à l'éloquent appel de Stanley.

CHAPITRE VII

L'EUROPE ET LE MOUVEMENT AFRICANISTE

Le roi des Belges et l'association de Bruxelles. — Fondation de l'Etat indépendant du Congo. — La conférence de Berlin de 1884 et son acte général. — La traite terrestre. — Mesures nouvelles pour l'atteindre là où elle s'organise.

CHAPITRE VII

L'EUROPE ET LE MOUVEMENT AFRICANISTE

Il se produisit, vers 1874, un grand mouvement africaniste. Il était dû, sans doute, en partie, à la cause humanitaire et généreuse de l'abolition de l'esclavage, mais surtout à la crise économique amenée par la surproduction industrielle, crise augmentée dans beaucoup de nations par les barrières du système protecteur. Les nations se tournèrent alors vers l'Afrique comme vers le pays d'où devait leur venir le salut et la prospérité.

Le roi des Belges jugea, alors, le moment favorable pour exécuter le vaste plan politique et commercial qu'il avait conçu pour « ouvrir l'Afrique à la civilisation. » Il voulut assurer à la Belgique un domaine d'outre-mer, et se mettant résolument à la tête du mouvement africaniste, il entra en relations personnelles avec les explorateurs, les géographes et les philanthropes, et le 12 septembre

1876 il les réunit à Bruxelles dans son palais pour une conférence internationale et privée.

De cette conférence est sortie l'association internationale africaine de Bruxelles qui devait créer en Afrique des centres d'exploration et d'influence, des stations scientifiques et hospitalières sur certains points importants. Mais celle-ci devait perdre bientôt, en fait, son caractère international ; elle était composée de comités nationaux au-dessus desquels était constituée une commission internationale chargée de la direction. La plupart des comités nationaux ne purent réunir les fonds nécessaires à l'exécution du programme ; dans d'autres pays comme la France, l'Italie et l'Allemagne, les sociétés africaines demandèrent des ressources non à l'initiative privée, mais au budget de leur gouvernement et échappèrent dès lors en partie à l'action de la commission internationale. De 1881 à 1884, les expéditions belges se succédèrent avec un rare enthousiasme. Des officiers belges sollicitèrent leur mise en disponibilité, des savants euxmêmes partirent pour l'Afrique au mépris des périls qu'ils devaient affronter. Une ligne de station s'établit depuis Zanzibar jusqu'à Tanyanika ; l'établissement central de Karema y fut fondé ; Stanley remontait le Congo. Enfin les représentants de l'association venant les uns de l'océan Atlantique, les autres de l'océan Indien, se rencontrèrent sur les hauts plateaux équatoriaux. L'Etat indépendant du Congo était fondé, restait à le faire reconnaître par les puissances.

Ce fut l'Allemagne qui, de concert avec la France, invita en novembre 1884 les puissances à se réunir en conférence pour régler les affaires de l'Afrique centrale.

L'Etat indépendant du Congo fut alors constitué et Léopold II s'en proclama souverain. Pendant dix ans, Sa Majesté paiera sur sa seule cassette particulière les frais résultant de cette fondation. Pour atteindre plus sûrement son objectif, l'abolition de l'esclavage et de la traite, il en arrivera à accorder aux compagnies congolaises moyennant un droit de participation à tous les bénéfices, la faculté *d'affranchir* des esclaves.

A cette création nouvelle d'un Etat, se joignait la conclusion d'un accord relatif à la liberté du commerce dans le bassin et aux embouchures d'un fleuve. Mais il est un commerce qui doit faire exception à la règle générale : celui des esclaves. « En conviant la conférence, dit Bismark, le gouvernement impérial a été guidé par la conviction que tous les gouvernements invités partagent le désir d'associer les indigènes d'Afrique à la civilisation, non seulement, en ouvrant l'intérieur de ce continent au commerce mais encore en préparant la suppression de l'esclavage surtout de la

traite des noirs. » Le comte de Benomar, espagnol,
demandait qu'on annulât d'un commun accord,
en ce qui touche la côte occidentale d'Afrique, les
traités relatifs au droit de visite afin de donner au
commerce des garanties contre un abus éventuel
et d'assurer depuis Gibraltar jusqu'au cap de
Bonne-Espérance « la liberté de navigation qui
devait être le complément de la conférence ». Mais,
en adoptant des résolutions générales, la conférence eût dépassé le but que les gouvernements
représentés lui avaient assigné. On se borna donc
à intercaler deux articles dans le texte de l'acte
général. Par le premier, « les puissances (art. 7,
chap. I) exerçant des droits de souveraineté ou
une influence dans le Congo s'engagent a concourir à la suppression de l'esclavage et surtout
de la traite des noirs. » Par le second (art. 9,
chap. II) les puissances se prononcent plus expli-
citement : « conformément aux principes du droit
des gens tels qu'ils sont reconnus par les puissances signataires, la traite des esclaves étant interdite et les opérations qui sur terre ou sur mer
fournissent des esclaves à la traite devant être également considérées comme interdites, les puissances qui exercent ou qui exerceront des droits
de souveraineté ou une influence dans les territoires formant le bassin conventionnel du Congo,
déclarent que ces territoires ne pourront servir ni

de marché ni de voie de transit pour la traite des esclaves de quelque race que ce soit. Chacune de ces puissances s'engage à employer tous les moyens en son pouvoir, pour mettre fin à ce commerce et pour punir ceux qui s'en occupent. » Jusqu'ici on n'avait prescrit la traite qu'en tant que trafic maritime, les plénipotentiaires réunis à Berlin ont complété l'œuvre humanitaire en se préoccupant d'atteindre la traite dans les lieux mêmes où elle s'organise. Au cours des débats on a marqué en effet une distinction en envisageant séparément :

1° La traite déjà abolie en vertu du droit international public;

2° Le commerce qui fournit des esclaves à la traite, ce dernier devant être également réprimé.

En faisant dériver des principes établis par le congrès de Vienne, cette juste conséquence que les opérations qui sur terre aussi bien que sur mer fournissent des esclaves à la traite doivent être également considérées comme interdites, les plénipotentiaires réunis à Berlin donnèrent une sanction de plus en plus pratique à ces principes.

La solidarité des Etats civilisés contre la traite, attentat de lèse-humanité, s'affirmait une fois de plus. Quant à « cette éducation morale, religieuse et scientifique » que l'on promettait aux peuples indigènes, elle signifiait pour eux paix et liberté, en même temps que développement du commerce libre pour tout le monde.

CHAPITRE VIII

MOUVEMENT DE L'OPINION EN FAVEUR DE L'EXTENSION
DES MESURES PROTECTRICES

Insuffisance de l'acte de Berlin. — La traite continue toujours
aussi cruelle. — Les puissances et le blocus de Zanzibar.
— Solution donnée par l'Institut de droit international, le
7 septembre 1888. — L'influence des philanthropes. —
Léon XIII. — Le cardinal Lavigerie et la création des comités nationaux. — Le projet de congrès à Lucerne. — Acceptation des propositions d'un congrès se réunissant à
Bruxelles faite par le roi des Belges. — Nouvelles données
du problème de l'Abolition de la traite qui imposent de nouvelles solutions.

CHAPITRE VIII

MOUVEMENT DE L'OPINION EN FAVEUR DE L'EXTENSION
DES MESURES PROTECTRICES

L'Europe avait parlé clairement, on put croire pendant quelque temps que cela suffisait et que ses principes si sages allaient enfin être suivis.

M. Deloncle se berçant lui-même de ces douces illusions pourra dire à la Chambre des députés le 24 juin 1891 : « L'acte de Berlin de 1885 suffit pleinement à l'œuvre anti-esclavagiste. On y trouve l'énoncé des principes essentiels des mesures longuement édictées par l'acte de Bruxelles, et l'application pure et simple de ces principes suffisait pour combattre efficacement la traite. » Malheureusement il n'en était rien et le trop crédule député aurait pu en examinant les rapports de nos missionnaires ou fonctionnaires se persuader que le mal durait toujours et que des marchés d'esclaves étaient ouvertement installés : 1° dans toutes les villes de l'intérieur du Maroc où des caravanes apportaient plusieurs fois par an leur bétail humain ; 2° dans les oasis du Sahara situées au sud des possessions françaises de la Tunisie et de la Tripolitaine ; 3° à Tombouctou point de ravitaillement commun du nord de l'Afrique et des provinces qui sont au sud et à l'est du Sénégal ; 4° dans les régions qui bordent la mer Rouge depuis la hauteur de Souakim jusqu'à celle d'Aden et de Périm ; 5° sur un grand nombre de points situés entre les grands lacs et les côtes de Zanguebar ; 6° sur les frontières du Benguela ; 7° chez les Zoulous ; 8° à l'intérieur de l'Afrique équatoriale et sur les hauts plateaux des grands lacs (1).

A quoi avaient donc servi les solennels engagements des puissances? La traite existait toujours, mais plus cruelle, car elle était obligée de se cacher; on entassait le plus grand nombre possible de nègres sur des barques arabes (boutres) que l'on faisait aborder à la faveur des ténèbres aux côtes d'Arabie en trompant la surveillance des trop rares croiseurs anglais et français (2). De plus l'Acte

1. Le *Gaulois* dans son numéro du 17 décembre 1889 disait : « On a vendu ces jours-ci sur le marché de Marok un transport d'esclaves venant de Tombouctou composé de 500 individus ; 350 garçons et jeunes filles âgés de 10 à 16 ans. On a payé pour les hommes 150 à 300 fr., et pour les jeunes filles 400 fr., et davantage. »

2. Lettre du cardinal Lavigerie du 23 juillet 1888.

de Berlin restreignait la portée de l'engagement aux territoires formant le bassin conventionnel du Congo. D'autre part, il contenait un vice fondamental en ce que les puissances dans l'art. 9 n'avaient fait que poser un principe sans pourvoir à sa mise à exécution en sorte que la promesse était condamnée à demeurer à l'état platonique. Mais, à ce moment, les gouvernements allemand et anglais rencontrèrent des difficultés dans leurs possessions sur la côte orientale d'Afrique, et, voulant par ailleurs combattre la traite, cette question se reposait à nouveau.

Un blocus fut établi à Zanzibar par le sultan de Zanzibar, l'Italie, la Hollande et l'état du Congo ; la France y demeura étrangère et n'y participa en aucune façon.

Mais, un point sur lequel elle ne pouvait pas se désintéresser, et refuser de coopérer à l'œuvre commune des puissances, surtout quand on lui démontrait que la traite se continuait sur la côte de Mozambique par le moyen de petits Boutres arabes recevant des lettres de francisation à Mayotte ou à Nossi-Bé, ports français (1).

M. Goblet interpellé à ce sujet le 19 novembre 1888 déclara très nettement que pas plus que dans le passé, le droit de visite ne serait appliqué quelle que soit la forme qu'on pourrait lui donner, mais

1. *Officiel* du 19 novembre 1888.

que, pour prévenir les abus commis, un bâtiment de la division navale de l'Océan Indien avait été envoyé en surveillance afin d'empêcher que notre pavillon pût servir malgré nous au trafic des esclaves.

Quant au blocus des puissances dont le but principal avoué était la répression de la traite, il n'y avait pas de grandes illusions à se faire sur ce qu'il deviendrait.

Celui-ci a abouti pour certaines d'entre elles à un but d'intérêt purement politique. L'Allemagne et l'Italie se servaient par exemple du prétexte de la traite pour établir leur domination d'une manière effective sur les pays, s'occupant fort peu du sort des esclaves. L'Italie se montrait très douce pour protéger le sultan d'Aoussa qui continuait à envoyer ses esclaves sur la côte avoisinant Assab où ils étaient embarqués la nuit.

Le but aux yeux de tous du blocus de Zanzibar par les Anglais et les Allemands était la suppression de la traite et du commerce des armes, mais le but réel, effectif, c'était, le protectorat politique et douanier ne leur suffisant pas, d'établir leur autorité de fer sur les territoires de Saïd Bargash. L'Allemagne voulait affermir sa puissance sur le territoire de Zanzibar et les populations qui en dépendent.

Quant à l'Angleterre elle voulait surtout ne pas

laisser l'Allemagne agir seule dans un pays où les intérêts commerciaux des Anglais leur ont depuis longtemps acquis une sorte de suprématie.

Cet état de guerre facilita de la part des Arabes quantités de très lucratives razzias d'hommes sur les côtes qu'ils embarquaient ensuite pendant la nuit.

Et, tandis que l'Allemagne expérimentant la portée de ses canons bombardait à son aise le pays pour lui conserver son indépendance, l'Angleterre tout en maintenant intacte sa réputation de philanthropie trouvait moyen de fournir à ses colonies de Mahé, Maurice et Natal, une quantité considérable de bras qui travaillent à bon compte.

Si la cause « des noirs » avait été seulement confiée aux hommes d'Etat, elle était menacée de demeurer soumise aux questions politiques et de toujours céder le pas aux questions d'intérêt. Heureusement pour elle, de vrais philanthropes devaient élever la voix en sa faveur et suscitant, comme le dit Renan, une de « ces grandes influences morales qui courent le monde à la manière des épidémies sans distinction de frontière et de race » (1) ils allaient faire accomplir à la cause de la civilisation et du progrès une de ses plus grandes étapes.

Ils allaient être aidés en cela par la situation actuelle des côtes d'Afrique. Celles-ci, en effet,

---

1. Renan, *Vie de Jésus*, p. 454.

placées dans la sphère d'influence de l'une où l'autre puissance, il devenait manifestement possible de couper les communications entre les lieux d'origine du commerce des esclaves et les marchés d'outre-mer auxquels les traitants arabes destinent leurs captifs.

Le contrôle que pourrait exercer chaque puissance était suffisamment effectif pour supprimer la traite maritime sur la côte Orientale sans qu'il fallût demander à aucun Etat de renoncer à ses préjugés ou à sa politique traditionnelle. Une conférence dans le but d'arrêter les mesures destinées à la répression de la traite s'imposait dans de telles conditions. Déjà l'Institut de droit international s'était prononcé, le 7 septembre 1888, sur les solutions adoptées par la conférence de Berlin en matière d'occupation et avait émis les vœux suivants :

Art. 8. — « L'autorité de chaque nation préparera l'abolition de l'esclavage. L'achat ou l'emploi des esclaves pour le service domestique par d'autres que par les indigènes seront immédiatement interdits. »

Art. 9. — « La traite sera interdite dans toute l'étendue des territoires visés par la présente déclaration. Ces territoires ne pourront servir ni de marchés, ni de voie de transit pour la vente des esclaves et les mesures les plus rigoureuses seront prises contre ceux qui se livreraient ou qui seraient intéressés à ce trafic. On empêchera l'introduction et le commerce intérieur des cangues et autres instruments de supplice à l'usage des propriétaires d'esclaves. Le débit de boissons fortes sera réglementé et contrôlé de façon à préserver les populations indigènes des maux résultant de leur abus. »

En 1888, la grande voix de Léon XIII (1) s'était fait entendre annonçant une croisade nouvelle avec un nouveau Pierre L'Hermite pour la prêcher. Il s'agissait de notre compatriote, Mgr Lavigerie, évêque de Carthage, qui entreprit aussitôt de visiter les principales contrées de l'Europe pour y jeter les fondements d'une œuvre anti-esclavagiste. Il fonda en France, en Angleterre, en Allemagne, en Italie, en Belgique, en Portugal, en Autriche et en Espagne des comités unis sans doute dans une pensée de civilisation et de solidarité fraternelle, mais exclusivement nationaux séparés pour l'action, devant trouver leurs ressources chacun chez eux et par conséquent mettre

1. « Plaise à Dieu que tous ceux qui ont la puissance et qui tiennent l'empire ou qui veulent que les droits des nations et de l'humanité soient sacrés ou qui sont au fond du cœur dévoués au progrès de la religion, que tous, en tout lieu, écoutent nos exhortations et nos prières, unissent leurs efforts pour empêcher, pour réprimer, pour abolir le plus honteux et le plus criminel de tous les trafics. » Lettre de Léon XIII aux évêques du Brésil.

l'influence qu'ils pourraient acquérir en Afrique au service de leurs nations respectives.

Une direction générale préside pourtant au fonctionnement de ces comités, leur donne à tous ses encouragements et prépare les congrès internationaux des sociétés anti-esclavagistes. Les gouvernements eux-mêmes s'émurent à la suite de l'opinion publique et comprirent que l'heure était venue d'agir et de compléter l'œuvre des congrès antérieurs.

Un congrès devait se tenir à Lucerne ; un programme très complet avait été préparé. Il ne put avoir lieu par suite de la maladie de l'Eminence, par suite de l'état des esprits en France aux approches des élections législatives. Mais la vraie raison, c'est qu'on eût récriminé contre le blocus de Zanzibar qui avait ruiné le commerce, dépouillé le sultan de toute son autorité, et vivement blâmé l'Angleterre et l'Allemagne qui se seraient elles-mêmes accablées de reproches mutuels.

Il n'y eut plus de désaccord pour accepter l'invitation de Léopold, roi des Belges, convoquant à une conférence à Bruxelles, les représentants de tous les gouvernements qui avaient participé à la conférence de Berlin, et signé l'acte général du 22 février 1885 et les représentants de l'Etat du Congo.

Le but était d'arrêter un plan de conduite et de

décider des mesures devant être prises d'un commun accord pour arriver à l'abolition de la traite qui se présentait sous un aspect nouveau.

En effet : 1° elle n'existait plus que dans la zone de l'océan Indien située entre le Belouchistan et le Mozambique, et comprenant le golfe Persique, la mer Rouge et les parages de l'île de Madagascar ;

2° Les traitants actuels exclusivement indigènes n'employaient que des navires caboteurs d'un échantillon réduit et de construction particulière (boutre) ce qui permettait de soustraire la grande navigation « aux ennuis et aux entraves » d'une police étrangère ou nationale.

3° La majeure partie des côtes infestées se trouvait sous la dépendance d'Etats civilisés.

Telles étaient les nouvelles données du problème à résoudre, les nouvelles faces de la question. Nous allons voir quelles solutions y seront données par la conférence qui, ouvrant ses séances le 18 novembre 1889 à Bruxelles, les termina le 2 juillet 1890.

CHAPITRE IX

Triple but du congrès :

1º Répression de la traite terrestre — Organisation des postes, stations militaires et croisières. — Mesures législatives organisant les pénalités. — Réglementation de l'importation des armes à feu.

2º Répression de la traite maritime. — Systèmes proposés au sujet de la surveillance des bâtiments, l'un par la France, l'autre par l'Angleterre. — Transaction rédigée par M. de Martens. — De l'enquête locale. — Règlements pour la concession de pavillon aux bâtiments indigènes.

3º Répression de la traite aux pays de destination. — Mesures d'application générale pour les pays qui servent de lieux de destination aux esclaves africains. — Mesures particulières résultant de la position géographique de certaines puissances.

Mesures destinées à assurer l'exécution de l'acte général.

CHAPITRE IX

CONGRÈS DE BRUXELLES

La conférence de Berlin avait très clairement posé et exprimé les principes humanitaires, elle avait aussi manifesté les meilleures intentions contre « la grande iniquité », mais cela ne suffisait point ; une sanction pratique s'imposait. Telle devait être l'œuvre du congrès de Bruxelles : organiser ce qu'on avait défini à Berlin.

Le congrès se proposait un triple but : 1° atteindre la traite des noirs africains aux lieux d'origine ; 2° la réprimer sur mer ; 3° la réprimer aux lieux de destination dont les institutions comportent l'esclavage domestique. Donc :

1° Ubiquité de la répression, c'est-à-dire que la surveillance des signataires s'exercera aussi bien au foyer de la traite que sur son trajet terrestre et maritime et au point de destination.

2° Concert dans la répression ; les puissances

s'accorderont sur les mesures à prendre pour l'anéantissement du trafic, et un organisme particulier assurant entre elles l'échange des renseignements, garantira la cohésion dans les efforts.

Quant aux moyens à prendre, les puissances déclarent dans le chap. I de l'Acte général du 2 juillet 1890 que ceux qui paraissent devoir être les plus efficaces sont :

1° Organisation progressive des territoires placés sous la souveraineté ou le protectorat des nations civilisées;

2° Etablissement graduel de stations de police dans les territoires dévastés par les chasses à l'homme ;

3° Construction de routes et de voies ferrées en vue de substituer les moyens de transport moderne au portage actuel par l'homme ;

4° Installation de bateaux à vapeur sur les eaux intérieures navigables et spécialement sur les grands lacs avec l'appui de postes fortifiés établis sur la rive ;

5° Interdiction d'importer les armes à feu, au moins les armes perfectionnées et les munitions de guerre dans toute l'étendue des territoires atteints par la traite.

Répression de la traite terrestre. — (Chap. I, II, de l'Acte général). Il fallait d'abord envisager la traite dans ses foyers, là où les négriers continuent

de se livrer à leurs criminels exploits. Il importe
surtout de l'atteindre aux lieux d'origine pour
pouvoir efficacement en arrêter les ravages. Restreindre le territoire des chasses à l'homme, empêcher autant qu'il se peut la capture même des
esclaves, châtier rigoureusement ceux qui s'y livrent d'une manière directe ou indirecte, paralyser
leurs moyens d'action en supprimant la supériorité actuelle de l'attaque sur la défense, tel est le
but essentiel qu'il importe de viser, puisque de l'efficacité de ces mesures dépend l'efficacité de toutes
les autres.

Aussi, des postes seront-ils établis dans les régions du littoral connues comme servant de lieux
habituels de passage ou de point d'aboutissement
aux transports d'esclaves venant de l'intérieur,
ainsi qu'aux points de croisement des principales
routes des caravanes dans la zone voisine de la
côte, déjà soumise à l'action des puissances sou-
veraines ou protectrices.

Des stations, croisières intérieures, seront organisées par chaque puissance dans ses eaux, et
les ports d'attache qui servent à celles-ci serviront
de refuge et de point d'appui aux populations indigènes. Grâce à elles, les populations indigènes peu à peu civilisées diminueront leurs
guerres intestines, et l'œuvre de la civilisation politique et commerciale s'accomplira. Les puis-

sances feront édicter des lois rendant applicables les dispositions de leur législation pénale concernant les attentats graves contre les personnes, les organisateurs et coopérateurs des chasses à l'homme. Toutes les bonnes volontés qui voudront concourir à l'œuvre d'émancipation des noirs et de lutte contre la traite, seront encouragées et secondées, sans aucun esprit de partialité pour telle ou telle secte de religion.

Quant à la réglementation de l'importation des armes à feu perfectionnées (1), la France proposait l'interdiction radicale dans l'Afrique entière. On objecta des raisons de commerce et de sécurité pour les caravanes et on n'admit l'interdiction de transport des armes à feu, balles, cartouches que dans un territoire intermédiaire compris entre « le vingtième parallèle nord et le vingt-deuxième parallèle sud, et aboutissant vers l'ouest à l'océan Atlantique vers l'est à l'océan Indien et ses dépendances y compris les îles adjacentes au littoral jusqu'à 100 milles marins de la côte. »

1. « L'expérience de toutes les nations qui ont des rapports avec l'Afrique ayant démontré le rôle prépondérant et pernicieux des armes à feu dans les opérations de la traite et dans les guerres intestines entre les tribus indigènes, et cette même expérience ayant prouvé manifestement que la conservation des populations africaines est une impossibilité radicale si des mesures restrictives de commerce des armes à feu et des munitions ne sont établies. » (Art. 8, chap. 1) Acte général de la conférence de Bruxelles.

Les puissances, qui doivent déjà assurer aux esclaves libérés le renvoi de ceux-ci dans leur pays d'origine où leur offrir des facilités d'existence dans la contrée où ils se trouvent devront encore les protéger en interdisant l'importation des armes à feu et des munitions dans leurs frontières intérieures quand celles-ci touchent à la zône contaminée indiquée ci-dessus.

Répression de la traite sur mer (Chap. III).

C'était là, pour la Conférence, le point le plus délicat et le plus étendu. Sur les 100 articles dont se compose l'Acte général de Bruxelles, plus des 2/3 se rapportent à la traite maritime. Le contrôle, la police en haute mer suscitaient les plus grosses difficultés.

La France déclara qu'elle se refusait absolument au droit de visite. Ses plénipotentiaires affirmèrent que les autorités françaises se réservaient de faire la visite d'un navire français et de constater par une enquête préalable ou par voie judiciaire l'usurpation du pavillon français et les faits de traite commis à bord. Une surveillance rigoureuse de la part des puissances européennes ayant des possessions sur la côte orientale d'Afrique ou exerçant dans ces parages un protectorat afin d'empêcher l'usurpation de leur pavillon et la sortie des négriers de leurs eaux territoriales était, disaient-ils, le meilleur moyen pour supprimer la traite maritime.

Dans le cas où le pavillon arboré par un bâtiment indigène pouvait être sérieusement mis en doute, il serait loisible aux commandants des navires de guerre des puissances signataires de recourir à la vérification des papiers de bord ; mais en dehors de celle-ci, aucune recherche, aucune perquisition possible de la cargaison ; dans le cas de soupçon de fraude très fondé, le croiseur étranger pourrait le détenir provisoirement et le conduire dans le port le plus proche pour être jugé.

Les Anglais proposaient de reconnaître aux puissances signataires un droit de surveillance collective et individuelle des bâtiments à voile, soit sur la haute mer, soit dans les eaux *territoriales*, quel qu'en soit le pavillon, avec faculté pour leurs croiseurs de détenir tout bâtiment soupçonné ou convaincu de traite, et de l'amener ou de le faire envoyer devant ses juges.

M. de Martens fut chargé de rédiger un rapport conciliant les deux opinions. Il adoptait le système français, sauf à maintenir, en ce qui concerne le droit de visite, le contrôle des opérations de traite par l'examen des papiers de bord qui appartiendrait aux croiseurs de toutes les puissances signataires vis-à-vis de tous les bâtiments d'un tonnage inférieur à 500 tonneaux naviguant sous le pavillon de ces puissances ; quant à la visite du chargement, elle serait réservée aux croiseurs des puissances qui en auraient stipulé entre elles l'exercice facultatif et elle ne s'appliquerait qu'à eux seuls. Ceci fut admis par la Conférence.

Donc, si le bâtiment se trouve sous la protection du pavillon français, le commandant du croiseur est dans tous les cas obligé de se borner à la vérification des papiers de bord (1).

Si celui-ci conserve des doutes sérieux quant à la correction des opérations poursuivies, il a le droit de conduire le bâtiment dans le port le plus rapproché où se trouve une autorité française. Cette autorité procède à une enquête en présence de l'officier du croiseur. Cette enquête locale est une innovation. Si l'enquête établit un fait de traite, le navire est déféré au tribunal national (2).

1. La vérification porte sur les papiers suivants : 1° l'acte constatant le droit de porter le pavillon ; 2° le rôle d'équipage et s'il y a lieu le manifeste des passagers. En dehors de cette vérification, il ne pourra être procédé sur place à aucune enquête sur les opérations commerciales ou sur la cargaison des navires. Toute recherche, toute perquisition sont absolument interdites.

2. Les causes sont déférées dans le plus bref délai possible au tribunal de la nation dont les prévenus ont arboré les couleurs. Cependant, les consuls ou toute autre autorité de la même nation que les prévenus, spécialement commissionnés

Si l'enquête prouve qu'il y a eu usurpation de pavillon, le navire reste à la disposition du croiseur. Si elle démontre l'illégalité de la capture, il y a lieu de plein droit à une indemnité proportionnelle fixée par l'autorité qui a dirigé l'enquête. Si l'officier capteur n'accepte pas les conclusions de l'enquête, la cause est portée devant le tribunal national (1).

Art. XLIV. — Si, par suite de l'accomplissement des actes de contrôle mentionnés dans les articles précédents, le croiseur est convaincu qu'un fait de traite a été commis à bord durant la traversée ou qu'il existe des preuves irrécusables contre le capitaine ou l'armateur pour l'accuser d'usurpation de pavillon, de fraude ou de participation à la traite, il conduira le bâtiment arrêté dans le port de la zone le plus rapproché où se trouve une autorité compétente de la puissance dont le pavillon a été arboré.

Art. LI.— S'il résulte de cette enquête qu'il y a eu usurpation de pavillon, le navire arrêté reste à la disposition du capteur.

Art. LII. — Si l'enquête établit un fait de traite défini par la présence à bord d'esclaves destinés à être vendus ou d'autres faits de traite prévus par les Conventions particulières, le navire et la car-

à cet effet, peuvent être autorisés par leur gouvernement à rendre leur jugement aux lieu et place des tribunaux.

gaison demeurent sous séquestre, à la garde de l'autorité qui a dirigé l'enquête.

Le capitaine et l'équipage sont déférés aux tribunaux désignés aux articles LIV et LVI. Les esclaves seront mis en liberté après qu'un jugement aura été rendu.

Art. LIII. — Si l'enquête prouve que le bâtiment est arrêté illégalement, il y aura lieu de plein droit à une indemnité proportionnelle au préjudice éprouvé par le bâtiment détourné de sa route. La quotité de cette indemnité sera fixée par l'autorité qui a dirigé l'enquête.

Art. LIV. — Dans le cas où l'officier du navire capteur n'accepterait pas les conclusions de l'enquête effectuée en sa présence, la cause serait de plein droit déférée au tribunal de la nation dont le bâtiment capturé aurait arboré les couleurs.

Si l'enquête établit un flagrant délit, l'arrêt est alors suffisant pour tous les bâtiments de toutes les puissances pour provoquer l'enquête préalable et la mise sous séquestre. Quant au jugement, il appartient également aux tribunaux de la nation dont les couleurs sont arborées par le bâtiment saisi.

Quand le croiseur se trouve en présence d'un navire dont le pays admet le droit de visite, alors le commandant peut procéder à l'appel de l'équipage et des passagers. Mais ce droit de visite ne

doit être exercé que si la vérification des papiers
de bord a laissé subsister des doutes : c'est « un
droit exceptionnel ».

La France avait obtenu, avec le concours du
Portugal, l'addition d'une clause expresse d'après
laquelle les droits conférés à chacune des puissances signataires laissaient subsister l'état des
choses actuel quant à la juridiction de chacune
d'elles dans ses eaux territoriales.

De plus, l'Acte général traçait soigneusement
en les restreignant, les limites de la zone maritime où devait s'exercer la surveillance des croiseurs (1) :

Des règlements minutieux président à la concession du pavillon aux bâtiments indigènes. Les
armateurs devront justifier de certains titres prévus par l'art. 32. Le rôle de l'équipage devra être
tenu dans certaines conditions (art. 35) ; et l'em-

1. Art. 21. « Cette zone s'étend entre, d'une part, les côtes
de l'océan Indien (y compris le golfe Persique et la mer
Rouge), depuis le Bélouchistan jusqu'à la pointe de Tangalane (Quilimane), et d'autre part une ligne conventionnelle
qui suit d'abord le méridien de Tangalane jusqu'au point de
rencontre avec le 26° de latitude Sud, se confond ensuite avec
ce parallèle, puis contourne l'île de Madagascar par l'Est en
se tenant à 20 milles de la côte orientale et septentrionale,
jusqu'à une intersection avec le méridien du cap d'Ambre. De
ce point, la limite de la zone est déterminée par une ligne
oblique qui va rejoindre la côte de Belouchistan en passant à
20 milles au large du cap Raz-el-Had.

barquement des passagers noirs ne pourra se faire que sous nombreuses réserves (art. 36).

La conférence distinguant les bâtiments de nationalité française des navires indigènes portant nos couleurs, n'exigeait des premiers que la production « des pièces stipulées dans les traités ou conventions maintenant en vigueur », tandis qu'elle exigeait des autres l'exhibition de trois pièces : le titre autorisant le port du pavillon, le rôle de l'équipage, le manifeste des passagers noirs.

Répression de la traite aux pays de destination
(Chap. IV).

Les puissances ont dû déterminer les moyens d'empêcher l'exportation des esclaves vers les pays d'Afrique ou d'Asie qui, grâce à l'existence de l'esclavage domestique, demeurent des pays de destination pour les esclaves de traite.

Les plénipotentiaires de Bruxelles, s'inclinant devant l'esclavage domestique comme devant un état de fait tout en laissant éclater à plusieurs reprises, la préoccupation de ne pas lui donner de sanction légale, ont voulu cependant arriver à deux buts distincts.

L'un était d'application générale pour les pays qui « servent malgré la vigilance des autorités de lieux de destination aux esclaves africains ». Ceux-ci s'engagent à interdire l'entrée et la sortie, le passage sur terre comme sur mer, ainsi que le commerce des esclaves, à libérer ceux qui seraient importés en fraude de la loi ou des traités, en annulant au besoin les transactions dont ces esclaves auraient été l'objet ; à les protéger au moyen de l'institution des bureaux d'affranchissement et à appliquer des peines rigoureuses aux individus de toute catégorie coupables d'actes de traite, de trafic ou de mutilation d'esclaves.

D'autres dispositions établissaient au point de vue administratif et répressif une distinction entre les esclaves domestiques et les esclaves de traite, afin d'empêcher que les seconds ne servissent à recruter indéfiniment les premiers en se confondant avec eux.

L'autre avait un caractère spécial et visait des situations particulières résultant de la position géographique de certaines puissances déterminées. C'est ainsi que le gouvernement ottoman devait prendre des mesures rigoureuses pour réprimer la traite sur les côtes d'Arabie ; que le gouvernement persan devait consentir à surveiller étroitement les eaux et les côtes du golfe Persique et du golfe d'Oman placées sous sa souveraineté ; que le sultan de Zanzibar devait prêter une assistance de plus en plus efficace à l'extinction de la traite dans ses Etats.

Mesures destinées à assurer l'exécution de l'acte général.

L'œuvre trouvait son complément naturel dans la création d'un bureau international maritime à Zanzibar, qui devait avoir pour mission « de centraliser tous les documents et renseignements qui seraient de nature à faciliter la répression de la traite ». Ce bureau surveillé par celui de Bruxelles produira un rapport annuel sur les opérations écoulées pendant l'année et sur celles des bureaux auxiliaires qui viendraient à être établis ainsi que les comptes de l'exercice écoulé.

Pour faciliter cette action collective et permanente, les puissances se communiqueront les lois, règlements existants ou édictés en vertu du traité, renseignements statistiques.

Les bureaux ou institutions semblables protégeront les esclaves libérés, travailleront à assurer leur libération et la leur garantiront perpétuelle.

Enfin, la conférence, tout en stipulant (art. 98) qu'une œuvre de propagande serait entreprise pour « amener l'adhésion des États dont le concours serait nécessaire ou utile pour assurer l'exécution complète de l'acte général » faisait œuvre de désintéressement, en consentant à la diminution des énormes bénéfices réalisés par le commerce libre de spiritueux.

Le chapitre IV, en effet, déclare que « dans le but de veiller à la conservation et à l'amélioration des conditions matérielles et morales des populations indigènes », l'introduction des boissons distillées sera ou rigoureusement interdite ou admise avec certains tempéraments.

Prohibition complète dans les régions où « l'usage des spiritueux n'existe pas ou ne s'est pas développé ».

Quant aux pays où la prohibition de l'alcool est devenue presque impossible, les taxes s'accroîtront de façon à en restreindre l'emploi et les puissances « conserveront le droit de maintenir et d'élever les taxes au delà du minimum fixé par la convention, dans les régions où elles le possèdent actuellement ».

Telle était l'œuvre diplomatique que 17 puissances divisées d'intérêt avaient approuvé et promis d'observer dans un engagement solennel. Il y avait là plus que des rêves humanitaires, plus que des conceptions de purs théoriciens.

En définitive, la conférence avait atteint le but élevé que lui assignait le roi des Belges, en la convoquant dans sa capitale, et bien mérité les applaudissements de l'Europe propagatrice de la civilisation.

Il ne restait plus aux représentants des nations

qui avaient rédigé l'acte général, qu'à échanger les ratifications. Cela n'allait-il être pour la Chambre française qu'un simple enregistrement, qu'un pur règlement de formes ?

CHAPITRE X

Débats à la Chambre des 24 et 25 juin 1891. — Elle surseoit
à la ratification totale de l'acte de Bruxelles. — Le protocole final du 2 janvier 1892. — Retour à la situation ancienne, c'est-à-dire aux instructions de 1867. — Ce que
contiennent ces instructions.

CHAPITRE X

Les 24 et 25 juin 1891 eut lieu à la Chambre française un grand débat sur cette ratification de l'acte général.

MM. Félix Faure, Piou, Deloncle, Charmes prirent tour à tour la parole.

On adressait trois objections à la convention projetée.

1° Au sujet de la zone de surveillance sur mer définie à l'article 21.

2° Dispositions relatives à l'arrêt, à la saisie et au jugement des bâtiments suspects.

3° Droits de sortie dont la réglementation n'a pas été prévue par la déclaration du 2 juillet 1890 et qui lient nos intérêts commerciaux.

Mais là où la discussion devint particulièrement vive, ce fut au sujet du fameux droit de visite, « ce reste de barbarie » qu'on ressuscitait (1).

1. Spuller. Discours de 1892.

M. Piou s'attacha à démontrer que le système de la vérification des papiers de bord constituait bien le droit de visite, non sans doute dans la forme même où il s'exerçait autrefois, mais avec tous les inconvénients, tous les dangers, toutes les atteintes possibles à notre dignité qui avaient soulevé contre ce droit une protestation si vive et si prolongée du sentiment national.

M. Félix Faure prétendait que le droit de visite comporte comme première partie de la procédure l'examen, la vérification des papiers de bord. En matière de visite en effet, un officier est envoyé à bord du navire suspect, il examine les papiers de bord et peut, s'il a des doutes, procéder à une enquête, à l'appel de l'équipage, à l'appel des passagers, à la visite du navire. Au lieu de cette visite, l'officier, dans la convention admise par la France, aura le droit de conduire le navire sur le point le plus rapproché où existe une autorité du pays dont le navire suspect porte le pavillon et là cette autorité se livre elle-même à l'enquête « en présence de l'officier capteur ». Voilà l'humiliation pour M. Faure qui s'écrie : « ce qu'avant tout je repousse c'est qu'un officier étranger puisse se tenir à côté du commissaire enquêteur, de l'agent de la République française, pour examiner comment il opère. »

De plus, a-t-on dit, en acceptant les délimita-

tions de la zone « contaminée » fixée par la conférence, « vous consacrez le blocus de Madagascar » et vous « sanctionnez définitivement la domination de l'Angleterre sur l'océan Indien » (1).
La France se serait de nouveau rejetée « aux pieds
de l'Angleterre ».

Toutes ces critiques étaient beaucoup trop abso-
lues, beaucoup trop passionnées, plus empreintes
d'une tradition haineuse et jalouse que d'une étude
vraie et raisonnée de l'état actuel des choses.
Comme l'expliquait très nettement M. Charmes,
« il résulte de l'acte général de Bruxelles qu'à chacun on applique ses principes, à d'autres la visite,
mais à nous la simple vérification des papiers. »

« Là où commence la vraie visite pour les autres, elle s'arrête pour nous. » Après la vérification
des papiers de bord, l'officier étranger ne peut
pas aller plus loin, il a usé vis-à-vis de nous de
tous ses droits.

Ajoutons que la seule juridiction compétente
lorsqu'on arrête un navire portant pavillon français, c'est la juridiction française au premier et
au second degré ; jusqu'au bout la seule compé-
tence est celle de nos autorités ou de nos tribunaux. Un navire qui porte pavillon français à tort
ou à raison et qui est réputé suspect est conduit à
l'autorité française la plus rapprochée.

1. Discours de M. Deloncle.

En face de toutes ces garanties que les attaques paraissent outrées et que les déclarations semblent vaines.

De plus, par la limitation du droit de visite, de recherche et de saisie aux navires d'un tonnage inférieur à 500 tonneaux, il semblait bien dans la pratique que la plupart de nos bâtiments devaient y échapper. En effet, la substitution presque totale s'est faite de la navigation à vapeur à la navigation à voiles et presque tous les vapeurs expédiés de nos ports jaugent au moins 500 tonneaux l'intérêt des armateurs étant d'employer des bâtiments de grosse dimension, ce qui pour eux accroît la vitesse, la quantité de marchandises pouvant être transportées, et ce qui diminue les frais généraux.

Quant à l'humiliation de voir des flottes internationales exercer une surveillance dans les eaux avoisinant Madagascar, et de constituer à l'Angleterre une sorte d'hégémonie maritime grâce au grand nombre de ses vaisseaux, elle semble quelque peu exagérée.

Les Italiens, les Allemands ont les mêmes intérêts et les mêmes droits que nous à défendre dans la zone contaminée, et aucun de ces peuples ne regarde son prestige comme amoindri en acceptant le droit commun établi.

Il nous resterait en tout état de cause, dans le

cas de vexations ou de difficultés trop grandes, la possibilité de provoquer la revision de l'article 23 (1) de l'acte général, chose permise par l'article même. La Chambre de 1891, suivant en cela l'exemple de celle siégeant en 1842, n'écouta pas plus le ministre d'alors que l'autre ne s'était rendue aux raisons de M. Guizot.

Par 439 voix contre 104, l'ordre du jour de M. Félix Faure ainsi conçu fut accepté :

« La Chambre surseoit à donner l'autorisation de ratifier l'acte général de Bruxelles du 2 juillet 1890, la déclaration en date du même jour et le protocole signé à Paris le 9 février 1891. »

En se bornant à décider « qu'il serait sursis à la ratification », la Chambre faisait une concession de pure forme ; quant au fond, son opposition était irréductible, et ce vote dû à une émotion passagère et irréfléchie représentait un de ces cas où certaines susceptibilités éveillées qu'elles soient justifiées ou non résistent à tout effort.

Toutes les puissances signataires reconnaissaient dans les limites ci-dessus énoncées le droit légal, le droit réciproque de visite, de recherche, de saisie sur leurs bâtiments. Seule la France re-

---

1. Art. 23 : « Les mêmes puissances sont également d'accord pour limiter le droit sus-mentionné aux navires d'un tonnage inférieur à 500 tonneaux. Cette stipulation sera revisée dès que l'expérience en aura démontré la nécessité. »

fusait donc de s'entendre avec le reste de l'Europe dans cette œuvre de civilisation et d'humanité ; et seule elle devait faire la police des navires arborant ses couleurs, tandis que les autres puissances signataires se prêteraient un mutuel appui : situation regrettable, car les négriers seraient fatalement tentés de couvrir leurs opérations du pavillon français moins énergiquement surveillé.

Heureusement que dans le protocole final du 2 janvier 1892 réservant, conformément au vote de la Chambre, tous les articles de l'acte général destinés à assurer la répression de la traite maritime (1), nous trouvons un correctif. Il y est, en effet, stipulé « qu'il reste bien entendu qu'à l'égard des puissances ayant ratifié partiellement, les matières faisant l'objet des art. 42 à 61, elles continueront jusqu'à un accord ultérieur à être réglées par les stipulations et les arrangements actuellement en vigueur. »

Des instructions données conformément à un arrangement entre la France et l'Angleterre en ce qui concerne la visite rétablirent les choses dans l'état où elles étaient avant la signature de l'acte

1. Il résulte du vote de la Chambre que les art. XXI, XXII, XXIII, XLII, LXI sont provisoirement réservés, c'est-à-dire que jusqu'à nouvel ordre ils seront, en ce qui concerne la France, tenus pour non existants. Quant aux autres articles, ils ont été mis immédiatement à exécution.

général. On revenait aux instructions de 1867 relativement à la visite des navires marchands
soupçonnés d'arborer indûment leur pavillon :
Double avertissement par un coup de canon à
poudre et un second à boulet quand le navire de
commerce ne hisse pas son pavillon sur la sommation qui lui en est faite par le navire de guerre
de prouver sa nationalité. Dans le cas où d'après
les couleurs arborées par le navire marchand, sa
nationalité peut être fortement mise en doute, un
officier commissionné et en uniforme pourra procéder à la vérification des papiers établissant la
nationalité du navire sans pouvoir réclamer autre
chose que l'exhibition de ces pièces qui seront, en
ce qui concerne les Anglais, le « Certificate of Re-
gistry » et « les Ships Articles » et pour les Français « l'acte de francisation » et le « congé. » En
cas de fraude présumée, le navire détenu devra
être conduit le plus tôt possible dans un port ou à
une autorité de la nation dont il se réclame pour
y faire établir son droit à arborer le pavillon qu'il
revendique.

Des droits à indemnité dans le cas d'abus, ou
de vérification de pavillon non justifiée demeurent
nettement établis pour la partie lésée.

Ainsi, les boutres indigènes couverts de notre
pavillon allaient pouvoir continuer leurs ruses et
leur trafic clandestin encouragés en cela par cette

règle que nous avions fait établir ; qu'aucun croiseur ne pouvait les conduire devant nos autorités nationales si la présomption du délit ne résultait pas de l'inspection des pièces exigées par l'art. 5, celles-ci étant par ailleurs reconnues régulières. Rien n'était donc changé ; la France ne consentait à aucun droit de recherche quoiqu'elle admit le droit de visite à l'effet de permettre sous certaines conditions la vérification du pavillon. Si elle n'avait rien oublié de sa haine héréditaire contre le droit de visite, elle n'avait non plus rien appris des aspirations généreuses et des très effectives résolutions votées au congrès de Bruxelles par les représentants des nations civilisées contre « une des pires formes de la barbarie » (1).

Nous avions un peu maladroitement, il faut l'avouer, rendu l'Europe spectatrice d'une manifestation de patriotisme nerveux, légèrement irréfléchi et d'un sentiment par trop exalté de notre point d'honneur.

1. Rapport de Francis Charmes à la Chambre de 1890.

CHAPITRE XI

Règles pour l'embarquement et la navigation des bâtiments
indigènes. — Prescriptions concernant les étrangers et les
caravanes de commerce. — Règlements sur les importations des armes à feu et des munitions. — Protection des
esclaves libérés. — Etablissements des enfants délaissés. —
Organisation des stations de police, des postes fortifiés et
des villages de liberté. — Moyens persuasifs employés. —
Moyens coercitifs.

CHAPITRE XI

Dix-sept États (1) avaient signé et ratifié l'Acte de Bruxelles admettant communément le droit de visite, de recherche et de saisie dans la zone stipulée dans l'Acte général. La France seule se refusait absolument à ce qu'on procède à l'appel de l'équipage et des passagers ou à la vérification de la cargaison.

Une présomption de faits de traite ou de l'équipement du navire dans ce but, était formellement stipulée quand on trouvait à bord certains objets comme chaînes, colliers de fer, menottes, quantité extraordinaire de barriques à eau ou autres réci-

1. L'Allemagne, l'Autriche-Hongrie, la Belgique, le Danemark, l'Espagne, État indépendant du Congo, Grande-Bretagne. Italie, Pays-Bas, Perse, Portugal, Russie, Suède et Norvège, Turquie, Amérique et Zanzibar.

pients destinés à contenir des liquides, quantités énormes de riz, de farine, de gamelles ou de bidons, etc.

Ainsi tout capitaine de bâtiments indigènes, en haute mer devait, s'il en recevait sommation d'un navire de guerre, s'arrêter, et à la demande du dit navire justifier, de sa nationalité, exhiber les papiers de bord, consentir à la visite de l'équipage et du chargement et enfin, s'il lui en était donné l'ordre, suivre le navire de guerre dans un des ports nationaux ou étrangers le plus proche. Dans un procès-verbal, le capitaine indigène pouvait mentionner ses observations.

Mais ces règles générales ne suffisaient point, il fallait donner aux autorités administratives et judiciaires toutes les instructions de détail nécessaires pour faire disparaître par une police plus vigilante et une répression plus sévère les derniers vestiges de la traite. Il fallait prendre des mesures pour en assurer la stricte exécution, publier un rapport d'ensemble sur la mise en vigueur de l'Acte de Bruxelles et les différents textes des lois et règlements destinés à en assurer l'application. C'est ainsi que chaque puissance organisa sur son territoire certaines mesures qui, à peu près identiques, finirent par constituer une sorte de droit commun.

Tout bâtiment indigène, c'est-à-dire, celui présentant les signes extérieurs d'une construction et d'un gréement indigène devra être muni d'une pièce l'autorisant à arborer le pavillon, du rôle d'équipage qui sera renouvelé tous les douze mois et s'il transporte des passagers de couleur, d'une liste nominative délivrée par l'autorité du port et qui sera visée dans tout port où le bâtiment fait relâche. C'est en vérifiant ces trois pièces que l'on constatera la régularité des papiers de bord. Ce bâtiment devra, de plus, porter son nom inscrit en poupe et sur ses voiles les initiales de son port d'attachement et son numéro d'enregistrement.

Quant à la navigation de ces bâtiments indigènes le gouvernement de la colonie devait délivrer un acte de nationalité accompagné des documents suivants : 1° déclaration de la nationalité du propriétaire ; 2° attestation qu'il jouit d'une bonne réputation et qu'il n'a jamais été condamné pour faits de traite ; 3° titre de propriété du bâtiment ; 4° document prouvant que le propriétaire ou l'armateur possède des immeubles dans la colonie ou qu'il est en mesure de présenter la caution prescrite. Avant leur embarquement les passagers noirs seront interrogés pour qu'on ait la certitude qu'ils s'embarquent de leur plein gré (1). Chacun d'eux est inscrit en face de son

1. La pratique française est particulièrement sévère pour l'embarquement d'un sujet local. C'est ainsi qu'un certificat

nom, on mettra son signalement, son sexe, sa taille. Les enfants noirs ne seront pas admis comme passagers. L'embarquement des passagers noirs ne pourra se faire que dans certains ports déterminés, de façon à permettre à l'autorité de surveiller le débarquement.

Le Portugal et la Belgique sont allés plus loin. Une ordonnance du gouverneur général du Mozambique à la date du 1ᵉʳ octobre 1892 prescrit pour que : « l'action des étrangers soit bienfaisante, et ne contrarie pas la mission humanitaire et civilisatrice » certaines mesures de surveillance.

Ceux-ci devront présenter : 1° Un passe-port émanant des autorités résidant dans l'endroit d'où ils viennent ; 2° A défaut de passe-port, une garantie suffisante de l'identité des personnes ; 3° A défaut de passe-port ou de garantie, une déclaration écrite concernant leur identité, les raisons et le but de leur voyage. Tout voyageur portugais ou étranger qui sortira de la province devra présenter un passe-port.

Le décret du 16 octobre 1896 a réglé la situa-

individuel, émanant du gouvernement zanzibarite doit être produit par toute personne se faisant inscrire sur un boutre francisé. Au moment du départ un agent du consulat se rend à bord et fait l'appel des hommes et des passagers, il s'assure que tous répondent bien au signalement pris au consulat et qu'aucune substitution de personnes n'a eu lieu.

tion des caravanes de commerce circulant dans le Congo.

Une autorisation donnée par les commissaires du district leur est également imposée.

Responsabilité du chef de la caravane, inscription des conditions d'engagement avec les porteurs ainsi que de la durée de leur engagement. A l'arrivée de la caravane le chef de station vérifiera la liste des porteurs et celle des décès ou désertions en cours de route ; les nouveaux enrôlements d'hommes sont interdits sans que ce soit constaté par écrit. Le cautionnement fixé à 40 fr. par homme devra être versé par le chef de l'expédition.

Ces mesures se complètent par des règlements sur l'importation des armes à feu et des munitions, grande cause de terreur et de destruction auprès des indigènes, et moyen infaillible pour les traitants de se conquérir de riches butins de chair humaine.

Désormais, quiconque importe des armes à feu, des munitions ou de la poudre doit déposer ces articles à ses risques et périls et à ses frais dans un entrepôt placé sous le contrôle de l'autorité. Leur importation ne peut se faire que par mer et pour les retirer il faut une autorisation préalable et écrite de l'autorité chargée de la surveillance. Cette autorisation ne pourra pas être donnée pour les armes de précision telles que fusils rayés à magasin ou se chargeant par la culasse.

Les fusils et la poudre ordinaire ne pourront être retirés des entrepôts pour être livrés au commerce dans les régions atteintes par la traite.

Les personnes autorisées à retirer des entrepôts les fusils devront fournir périodiquement à l'autorité, des listes indiquant la destination qu'ont reçue les armes et la poudre vendues, ainsi que les quantités restant encore en provision.

Pour que la livraison se fasse, il faut un consentement préalable et écrit de l'agent diplomatique qui ne l'accordera qu'à des personnes offrant garantie suffisante.

Mais, l'expérience avait démontré qu'en rapatriant les esclaves libérés, on les abandonnait à une condition misérable. Par le fait de la chasse à l'homme leur établissement se trouvait le plus souvent exposé à une destruction complète. En les ramenant à leurs pays d'origine tous les hommes capables de porter les armes, étaient dans la suite infailliblement tués, les femmes et les enfants amenés en esclavage.

L'Acte de Bruxelles avait prévu la situation en enjoignant aux puissances signataires de protéger les esclaves libérés, et de pourvoir à l'éducation et à l'établissement des enfants délaissés.

L'Angleterre et l'Allemagne ont dû reconnaître que les stations des missionnaires, les établissements d'adultes, se recommandaient principalement pour les esclaves libérés et elle a agi en conséquence. La Belgique en 1896 a institué une commission pour la protection des indigènes sur tout le territoire de l'Etat. Cette commission signalera à l'autorité judiciaire les actes de violence dont les indigènes seraient victimes et quelles sont les mesures à prendre pour les faits de traite.

L'Allemagne avait organisé des primes pour dénonciation d'infractions en matière de traite, dans des pays particulièrement éloignés sur lesquels l'action des nations européennes ne pouvait s'exercer que d'une façon intermittente grâce à l'étendue de ces contrées.

Les puissances organisèrent de loin en loin des stations de police et des postes fortifiés où pouvaient se réfugier les esclaves, à l'embranchement de certaines routes particulièrement fréquentées par les esclavagistes. Rien ne peut offrir une barrière plus efficace à ces chasseurs d'esclaves que l'érection de telles stations si petites qu'elles puissent être. C'est ainsi, que l'Angleterre, en 1894, pour protéger la région qui s'étend entre le Nyassa et le Tanganika, ainsi que celle qui se trouve plus bas dans la vallée du Zambèze organisait un poste fortifié à Zomba, à Fifi, au sud-ouest du Tanganika et établissait trois canonnières sur le lac et sur le Shiré supérieur. Déjà en 1887, Gallieni avait créé près de chacun de nos postes des « villages de liberté (1) » où le captif évadé ou maltraité par son maître trouvait asile et protection. Au bout de trois mois de séjour l'esclave non demandé par son maître devient libre. De nombreux villages furent ainsi formés, au moyen d'éléments prélevés sur les villages de liberté des postes et groupés suivant les affinités de races, de langues et de coutumes. Cette idée très heureuse permettait de rendre la liberté à des populations entières et de la leur rendre de façon à ce qu'elle soit un bienfait, c'est-à-dire en leur donnant une famille, un village, une liberté.

En 1895, M. le gouverneur Grodet crut le moment venu de faire un nouveau pas : il interdit l'introduction de tous les captifs dans le Soudan. Le colonel de Trentinian ajouta à cette mesure un heureux correctif en donnant comme instruction aux commandants de cercle de n'appliquer la mesure « qu'avec les ménagements et les précautions qu'appelle l'état d'esprit des populations ». Le gouverneur de l'Erythrée suivit une même politique pour arrêter la traite dans le district de Massaua.

1. Les quarante-quatre villages de liberté du Soudan ont une population de 7.934 indigènes.

Il rassembla la population des Beni-Amer, il la divisa, plaçant les uns dans des villages sous la surveillance des autorités chargées de la sécurité politique, et renvoya les autres sous la surveillance de leurs chefs et des commandants de détachement.

Cette mesure fut complétée par des règlements prescrivant la réunion des tribus sous des chefs responsables de la sécurité de leurs subordonnés ; surveillance des principales routes ordinairement suivies par les caravanes, surtout aux lieux d'embarquement. Application rigoureuse de la loi par les tribunaux militaires aux traitants et aux complices.

Cette région autrefois lieu principal de passage et d'embarquement pour les esclaves capturés et se rendant en Arabie vit en peu de temps toute traite cesser.

Quelquefois la persuasion et les moyens diplomatiques suffisaient.

M. de Lamothe en 1892, réunit les chefs Ouolofs du cercle de Saint-Louis au Sénégal et leur fit signer une convention par laquelle ils s'engageaient à interdire tout trafic d'esclaves sur leurs territoires. D'autres chefs en janvier 1893, adhérèrent, et ainsi, les caravanes étaient arrêtées par les chefs eux-mêmes et libérées immédiatement.

Enfin un dernier moyen s'offrait : la force, quand

les esclavagistes transgressant toutes les prescriptions se refusaient à entrer dans les voies de la civilisation et du commerce honnête.

L'Angleterre se montra particulièrement opiniâtre à faire respecter les droits des noirs à la liberté. En 1892, elle entreprenait une campagne vers le Tanganika et établissait des postes militaires sur l'Ullé à Bomokandi, Amadis, Donga. Dès l'automne de 1895, elle conduisait de nouvelles opérations contre les Arabes du Nyassa septentrional, et les chassait du territoire de Zomba.

Sans guides, les bandes arabes décimées par de multiples défaites cherchaient à se ravitailler surtout depuis que Nyanywe et Kassongo, ces boulevards de l'esclavagisme, étaient détruits. Elles étaient de même sans ressources assurées, car les populations natives qu'elles terrorisaient jadis, s'étaient naturellement tournées vers leurs libérateurs et luttaient contre elles. Aussi le consul Johnston pourra-t-il écrire peu après : « Il n'existe plus dans les limites du protectorat de l'Afrique centrale britannique un seul chef indépendant qui soit un esclavagiste avéré ou rebelle à la domination anglaise. »

CHAPITRE XII

SITUATION ACTUELLE DE LA TRAITE

Résultat des mesures prises par les puissances dans les eaux de Zanzibar et dans l'Est Africain. — Comment présentement s'y opère et se recrute la traite. — Raisons actuelles s'opposant à sa disparition immédiate et absolue. — Situation présente de la traite en Abyssinie et dans la mer Rouge. — Nouvelle traite déguisée inventée par les « civilisés. » — L'Amérique grand marché de la race jaune.

CHAPITRE XII

Cet effort persistant des puissances, leurs mesures sagement combinées et strictement observées ne tardèrent point à porter leurs fruits. L'Angleterre et l'Allemagne se montrèrent particulièrement acharnées à poursuivre les boutres négriers qui, profitant d'un bon vent, transportaient leur marchandise noire. Leurs efforts ont été couronnés de succès et il suffit de parcourir la liste des condamnations infligées aux traitants et des libérations d'esclaves (1) pour comprendre combien leur zèle a été effectif. Aussi le consul anglais Johnston

1. En 1893 : 9 boutres portant divers pavillons et contenant 909 esclaves masculins ou féminins furent arrêtés, les traitants condamnés, les boutres détruits et les esclaves relâchés. En 1895 : 51 condamnations pour faits de traite prononcées par les autorités allemandes et anglaises. En 1896 : les croisières dans l'Océan indien ont pris 11 boutres contenant 45 esclaves.

pourra-t-il écrire dans un rapport en 1895 : « En fait, la traite maritime en ce qui concerne les esclaves venant de l'est et du sud de l'Afrique centrale, est bien près de sa fin. » Le même écrivant de nouveau à son gouvernement, s'exprime ainsi le 4 mai 1896 : « Plus de faits de traite dans l'est africain britannique. En effet, dans presque tous les ports maritimes de la côte se trouve un fonctionnaire britannique, et aucun de ces ports n'est assez étendu pour permettre à des traitants d'embarquer une cargaison d'esclaves sans qu'il en soit informé. » Donc, la traite est en voie d'extinction dans les eaux de Zanzibar et de l'Est-Africain. Pour que ce commerce soit lucratif, il faut opérer sur de grandes quantités, or, cela est actuellement rendu impossible (1). La traite devient alors une branche accessoire du commerce, qui se pratique sur une petite échelle par des Arabes de Mascate ou d'Hadramant qui ne sont que des brigands et qui, montés sur de petites embarcations et rôdant le long de la plage aux abords de Zanzibar ou de quelque autre ville du continent, enlèvent les filles ou les enfants isolés.

1. Depuis 1890, la valeur des esclaves est tombée à un taux très bas par suite des risques attachés aux opérations de vente, de transfert et de remise en garantie et des pénalités infligées. Les indigènes ont compris que pour faire des opérations aussi peu lucratives, ce n'était pas la peine de s'exposer à la confiscation totale de leurs esclaves et de leurs biens.

« 300 ou 400 esclaves au plus, dit le consul anglais, sont importés annuellement dans les îles de Madagascar et de Pemba. »

Ceux-ci se recrutent en général dans l'Ukamba et le Somoliland où la traite est purement locale. Les Somalis se livrent à des razzias chez d'autres tribus afin de se procurer des esclaves et en achètent de divers côtés ; toutefois ce n'est pas pour les vendre ou les exporter mais pour leur propre usage. En résumé, dans l'Est-Africain actuellement, les sources et les débouchés de ce trafic ont été partout efficacement fermés, les grandes razzias et les fortes cargaisons des boutres telles qu'elles avaient lieu autrefois ont fait place à des enlèvements individuels de peu d'importance se pratiquant à l'occasion, et dont plusieurs sont découverts et punis. Un système de police et de gardes-côtes plus parfait, une organisation administrative et militaire plus sérieuse dans la région des lacs entre le Nyassa et le Tanganika, et plus bas dans la vallée du Zambèze apporteront à ce trafic les plus sûrs obstacles. Quant à la présence des Arabes dans le centre du continent, elle est inconciliable avec l'introduction de la civilisation européenne et il faut tout faire pour les en expulser. Il faut les réunir sous un gouvernement fort. Dans l'intérieur de l'Afrique, ce sont des aventuriers et des aventurières de la pire espèce. Mais on ne peut

se faire des illusions, et aussi longtemps que la
traite existera en Arabie, dans les provinces re-
culées de la Turquie et de la Perse, tant que la
Mecque restera fermée aux Européens et qu'ainsi
elle demeurera le plus grand foyer de traite, les
aventuriers arabes ne se laisseront pas arrêter
par les dangers qu'ils courent et ils continueront
à enlever, comme ils le font actuellement, de jeunes Africains et même des adultes ignorants
pour les transporter sur les marchés de l'Hedjaz
et de l'Oman. Quant à l'Arabie, elle cherche à
faire venir de la côte d'Afrique qui lui fait face
les esclaves dont elle a besoin ; d'autre part, un
assez grand nombre de nègres sont dirigés sur
Mascate pour satisfaire aux demandes de la Perse,
tandis que la Turquie cherche encore à se procurer sous le nom de serviteurs libres (ce qu'ils sont
d'ailleurs en réalité aujourd'hui) des esclaves en
nombre suffisant pour ses harems et qu'elle exporte de Tripoli et de Bengazi.

Malgré tous les progrès que nous avons vus se
réaliser, malgré le zèle des puissances, le mal demeure grand et des remèdes de plus en plus énergiques s'imposent ; pour nous en persuader, con-
sultons plutôt un journal anglais, le *The Morning*,
qui dans son numéro du 27 mars 1897, donne la
statistique suivante, d'après le témoignage d'un
Américain qui a résidé de longues années en Afri-

que : « sur une population qui peut atteindre 200 millions d'habitants, au moins 50 millions sont encore esclaves. Dans beaucoup de régions de l'intérieur, les esclaves sont la seule monnaie d'échange. Plus de 11.000 esclaves pénètrent annuellement en Arabie ».

Une grande partie de ceux-ci semble bien se recruter sur les bords de la mer Rouge qui demeure actuellement un des grands foyers de traite.

Un tel spectacle doit être particulièremeut pénible aux philanthropes français surtout s'ils se rappellent les efforts constants faits par notre résident en Abyssinie, M. Lagarde, auprès du sultan et du vizir, lequel en 1887 avait fini par obtenir un double succès en recevant du sultan l'annonce formelle qu'il emploierait tous les moyens en son pouvoir pour faire cesser la traite, et en signant à Tadjourah, un traité aux termes duquel celui-ci s'engage à réprimer la traite sous son entière responsabilité et à remettre aux autorités françaises, les indigèncs qui se livreraient au honteux trafic.

C'est dans cette même ville de Tadjourah que la traite s'étale aujourd'hui, qu'elle s'exerce librement et ostensiblement. Ce butin d'hommes consiste en général en jeunes prisonniers de guerre, âgés le plus communément de 12 à 15 ans conquis par les Abyssins au sud de l'Ethiopie, dans les pays musulmans et qu'ils vendent ensuite dans les pays arabes.

Tadjourah dispose toujours d'un stock livrable à date fixe. Les Sambouks chargés d'ébène humain sillonnent la mer Rouge. Le grand marché d'importation se trouve à Djeddah, dans le Hedjaz, d'où on exporte en plusieurs autres places de l'Empire ottoman, en Syrie et en Arabie méridionale, suivant les commandes, opération extrêmement lucrative et faisant réaliser à ceux qui s'y livrent un bénéfice de 100 p. 100.

Ce commerce d'esclaves se renforce par un commerce particulièrement rémunérateur d'eunuques (1). Un établissement de castration a été établi à Ambabo près de Tadjourah, où on opère les enfants de la façon la plus grossière, par l'ablation de l'appareil génital tout entier, aussi en meurt-il beaucoup.

Mais, ce qu'il y a de plus honteux, c'est que cette traite monopolisée par les traficants musulmans fleurit dans la mer Rouge, sous les auspices de deux nations chrétiennes.

Ambabo, cet « orphelinat » d'un nouveau genre, se trouve en plein territoire français en face de Djibouti, et les petits voiliers chargés de cette triste cargaison peuvent par les nuits sans lune échap-

1. L'esclave moyen à Djemna, vaut 15 thalaris ; l'eunuque de 18 ans vaut 50 thalaris.

per facilement à l'œil peu inquisiteur des autorités
françaises.

Quant à l'empereur Ménélik, il semble bien avoir
accordé à ce commerce une complicité tacite que
peut expliquer une bonne part à son profit dans les
bénéfices.

La France craint les difficultés et la rupture de
« l'entente cordiale » qui existe avec son protégé
Ménélik, et le personnel de l'administration de Djibouti, s'obstine un peu trop bienveillamment à fer-
mer les yeux non seulement sur la pratique du
commerce d'esclaves dans le territoire, mais encore sur l'existence même de l'esclavage en Ethiopie. Mais, en face de ces dissimulations se trouve
l'épouvantable réalité qui exige prompte et éner-
gique répression (1).

Telle est la traite, celle des non civilisés, celle
des barbares ; mais à côté de celle-ci s'en trouve
une autre non moins horrible, non moins atroce
malgré son masque, celle des civilisés, celle des

1. M. H. O'Monroy raconte « qu'un soir de l'année 1897, à
bord du navire de guerre italien *Andrea Provana,* mouillé devant Djibouti, eut lieu un dîner dans lequel figuraient comme
invités M. Manigaud, le comte de Choiseul et d'autres Français.
Lorsque ces Messieurs retournèrent à terre, la nuit était très
obscure, le *Provana* lança sur leur canot des projections élec-
triques. Et sous ce rayon de lumière inondant de clarté les
eaux de la baie de Tadjourah, apparurent plusieurs boutres
indigènes bondés de marchandises (*Revue des Revues,* du
15 août 1898).

hommes de progrès. Les esclaves d'autrefois sont devenus « des engagés », c'est-à-dire des hommes de couleur souvent razziés comme les anciens esclaves, mais étant censés avoir pris de leur plein gré l'engagement de travailler pendant un certain nombre d'années dans un pays lointain et qui leur est inconnu. C'est ainsi que les journaux ont raconté que les fonctionnaires du roi Behanzin avaient livré au gouvernement du Congo, 500 ou 600 travailleurs prétendus libres.

Ceux-ci, usés par la faim, étaient entassés pêle-mêle dans d'affreux réduits. Tous, hommes et femmes, étaient enchaînés par groupes de 50, les uns par des chaînes et des colliers de fer, les autres au moyen de solides pièces de bois.

Un commerce du même genre, se fait encore aux dépens des Mélanésiens de la Papouasie.

Mais, la race nègre n'a pas seule le privilège de fournir de la marchandise humaine à nos traitants contemporains. La race jaune contribue pour une large part à alimenter ce commerce qui s'appelle en anglais : « labour traffic » ; en français : « immigration réglementée ».

C'est cette traite déguisée qui a transporté des Chinois partout où ils étaient en vente.

Arrivés à destination « les engagés » doivent peiner trois ans sous un régime exceptionnel pour un salaire dérisoire dans tel ou tel pays tropical.

L'Amérique est un théâtre des supplices qu'endure cette malheureuse plèbe jaune introduite d'abord à peu près malgré elle.

Dans le *Mouvement anti-esclavagiste belge* d'avril 1898, nous pouvons lire qu'aujourd'hui, à San-Franscico, une jeune fille chinoise de 9 à 12 ans vaut de 150 à 500 dollars. Une jeune fille de 12 à 16 ans, jolie, peut atteindre une valeur de 500 à 1500 dollars. Quant à celles de plus de 16 ans, il arrive que leur prix monte jusqu'à 3000 dollars, et encore un pareil marché fournit-il un bénéfice de 20 à 30 0/0.

L'Amérique est ainsi devenue le principal champ d'action du marchand d'esclaves oriental et c'est à San-Francisco que se trouve le quartier général de ceux qui sont engagés dans ce trafic (1).

En face de pareils faits, l'esprit découragé peut se demander avec inquiétude ce qu'a bien fait la civilisation quand il lui reste encore tant à faire et à quel moment la grande évolution s'étant enfin accomplie, l'humanité se sentira véritablement affranchie et pourra à l'abri de toute servitude goûter pour la première fois le bonheur de vivre.

1. Dans cette ville, rue Dupont, il y a eu jusqu'à ces derniers temps une salle connue sous le nom de « chambre de la reine », ce qui n'était en réalité qu'un marché public d'esclaves et où les victimes étaient conduites et exhibées devant les acheteurs éventuels.

CHAPITRE XIII

DE LA SUPPRESSION DE L'ESCLAVAGE

Opinion de la Société anti-esclavagiste de Londres considérant
la suppression de l'esclavage comme unique moyen d'anéantir la traite. — Une distinction s'impose entre les « esclaves
de traite » et les « esclaves domestiques ». — Bonne situation des esclaves dans les pays orientaux. — Dangers d'une
émancipation trop rapide. — Comment la civilisation seule
peut apporter par une pénétration lente, mais sûre, une solution au grand problème de l'esclavage.

CHAPITRE XIII

La « Britisch and Foreign anti Slavery Society »,
de Londres, dédaignant les mesures coercitives
des puissances, s'est toujours opposée à l'emploi
des croiseurs armés pour supprimer la traite des
noirs car, disait-elle, d'après les sources les plus
autorisées, on n'a pu capturer que la vingtième
partie des négriers.

Depuis sa fondation, cette Société a soutenu que
le seul moyen de supprimer la traite des noirs
consiste à supprimer l'esclavage lui-même ; car
là où il y a acheteur, il y aura toujours vendeur.

La force armée reste impuissante en face de
cette plaie saignante du monde, qu'un seul remède
peut guérir d'une façon certaine, c'est la promulgation d'une loi accordant aux populations serviles les droits des hommes libres (1).

Voilà bien le programme « des civilisés », de
ceux qui se figurent que l'émancipation peut se

1. Mémoire de la Société anti-esclavagiste de Londres publié le 7 août 1893.

produire par « sauts et par bonds », et qu'un décret ou une loi fermement conçu et sévèrement appliqué peut suppléer à l'œuvre nécessaire des temps. Ceux-là oublient que la vraie politique tant humanitaire que coloniale consiste à étudier la religion des indigènes, leurs lois, leurs coutumes, leurs mœurs familiales, leur organisation sociale et politique ; qu'il est nécessaire de nous mettre à leur niveau, d'entrer dans leurs idées, de nous faire eux-mêmes.

Nos idées d'occidentaux nous font considérer l'esclavage comme « contraire à la dignité humaine ». Il faudrait peut-être distinguer entre « l'esclave de traite » et « l'esclave domestique ». « L'esclave de trafic » est réduit à la condition la plus misérable, devenant une marchandise, une monnaie qui a cours partout, dont la valeur, suivant le pays, est un bœuf, deux barres de sel ou douze pièces de guinées. « L'esclave de case », au contraire, est considéré comme un membre de la famille ou à peu près. Il est vrai que, semblable à l'esclave antique, il est considéré comme faisant partie du patrimoine de la maison, mais en réalité de même que lui, il est traité comme un collaborateur, comme un ami.

On a pour lui les égards qu'on aurait chez nous pour un vieux serviteur, on ne craint pas de lui confier ce qu'il y a de plus précieux, il voyage

souvent seul pour les affaires de son maître qui
lui donne une arme, et l'amène volontiers à la
guerre avec lui. Enfin il peut posséder, il peut
avoir des esclaves à son tour, car non seulement
son maître est obligé par l'usage à certaines libé-
ralités envers lui, mais encore il a dans la se-
maine un certain nombre de jours dont il peut
disposer pour son profit personnel.

Le Koran, dans son chapitre XXIV, va même
jusqu'à enseigner à tout propriétaire d'esclaves,
une sorte de charité et de solidarité sociale lorsqu'il dit : « si quelqu'un de vos esclaves vous
demande son affranchissement par écrit, donnez-
le lui si vous l'en jugez digne, donnez-lui quelque
peu de ces biens que Dieu vous a accordés. »

Aussi M. Piétri pouvait-il écrire (1) : « Bien des
Européens ont offert à des captifs de case de payer
leur rançon, je n'en connais pas qui aient accepté »,
tandis que nous pouvons lire dans *le Temps*
du 12 novembre 1897 cette amère remarque de
M. Jean Carol : « toutes les fois que j'ai vu battre
un noir, c'est un blanc qui tenait la trique. »

Déclarer l'esclave « homme libre » c'est le vouer
inévitablement à la misère, à l'exploitation de
quelque aventurier, au vagabondage, à la mendi-
cité, à l'assassinat.

Les nègres qui sont forcément dans un état de

1. *Les Français au Niger.*

moralisation inférieure ne travaillent que contraints et forcés ; ayant toujours travaillé pour autrui, n'ayant jamais été livrés à eux-mêmes et manquant par conséquent de toute initiative, ceux-ci deviendront les pires vagabonds ne désirant qu'une chose : capturer un ou plusieurs esclaves pour les faire travailler à leur tour pendant qu'ils se reposeront.

Dès lors la grande majorité des campagnes deviendra déserte, les champs seront laissés incultes, les propriétaires ruinés par la disparition soudaine de leur capital le plus productif et cela pour voir dans les villes un afflux innombrable de désœuvrés vivant au jour le jour, ajoutant aux crimes les plus fréquents la démoralisation la plus grande.

Telles étaient les considérations que M. Hardinge, consul à Zanzibar, dans un magistral rapport, exposait au comte de Kinberley, le 26 février 1895, en réponse à la propagande de la société anti-esclavagiste de Londres. Telle était aussi l'opinion du cardinal Lavigerie qui, dans un discours prononcé à Saint-Sulpice, le 20 septembre 1890, s'exprimait ainsi : « L'esclavage est un facteur essentiel de l'état social africain ; sa disparition violente préparerait des ruines incalculables, un champ immense où rien ne survivrait ».

Ces voix ne furent point entendues et le 6 avril

1897 le sultan, contraint par l'Angleterre, fit publier un décret abolissant l'esclavage à Zanzibar (1).

Les heureux résultats de cette mesure ne s'étaient guère fait sentir le 4 septembre 1897, car à cette date, M. Burth, écrivant au *Times* disait : « L'état actuel de l'esclavage ne diffère en rien de ce qu'il était avant la promulgation du décret du 6 avril. Un esclave qui s'évade est bientôt repris et mis en prison pour le seul crime d'avoir essayé de réclamer la liberté à laquelle il a droit ».

Ces résultats semblent bien être restés les mêmes, car le *Journal des Débats* du 20 octobre 1898 s'explique dans des termes presque identiques : « Les mesures prises depuis le mois de mars 1897 n'ont eu jusqu'à présent pour effet que de compromettre gravement la prospérité des exploitations agricoles de Zanzibar ». La récolte des clous de girofle a été compromise par suite du manque d'ouvriers et le même journal ajoute que « pour la plupart des nègres zanzibarites la liberté consiste à avoir le droit de refuser tout travail ».

1. Ce décret laisse subsister les droits sur les concubines, tels qu'ils étaient auparavant à moins que celles-ci ne réclament leur liberté pour cause de mauvais traitements. Elles seront considérées comme femmes légitimes. Indemnité pour tout esclave reconnu légalement comme tel ; mais l'allocation de cette indemnité devra être ratifiée au préalable par le premier ministre.

Pour y obvier les autorités anglo-zanzibarites ont été obligées d'embrigader ces nouveaux affranchis, d'établir des dépôts où les anciens propriétaires peuvent venir louer leurs esclaves moyennant un prix fixé par l'administration de 0 fr. 06 environ la mesure de clous de girofle cueillis.

L'exemple est des plus concluants pour établir que la liberté complète accordée aux nègres immédiatement et sans transition est un remède pire que le mal de la traite. Il faut avant tout leur faire comprendre que malgré la sollicitude pour leur destinée on est en droit d'exiger d'eux un certain travail au profit de la société. En détruisant par la racine la traite et la vente des esclaves dans les pays d'outre-mer c'est-à-dire en observant rigoureusement et en complétant dans la pratique les mesures de l'Acte de Bruxelles, les puissances appliqueront le seul et efficace remède pouvant être employé pour panser la plus affreuse plaie qui dévore le continent noir. Comme le disait le cardinal Lavigerie (1) : « Pour le moment l'on doit se contenter de combattre la traite, le marchand d'esclaves, voilà le bourreau de millions d'hommes qu'il faut traquer et anéantir sans merci ». Voilà quel doit être le grand but, l'objet de toutes les sollicitudes des puissances. Mais quant à croire que

1. Discours prononcé à Saint-Sulpice le 20 septembre 1890.

pour l'atteindre, il faut avoir recours à une abolition immédiate de l'esclavage, ce serait la plus grande et la plus dangereuse des erreurs.

« Pour arriver à notre civilisation actuelle, nous avons travaillé pendant vingt siècles ; on ne peut obliger les nègres à franchir vingt siècles en moins de cinquante ans ; c'est une utopie (1). » L'œuvre de l'émancipation ne se fait que lentement, progressivement, par les années et par les siècles. Pour la hâter, pour favoriser le progrès, il faut ouvrir aux communications les voies les plus larges et les plus nombreuses, favoriser le plus possible l'accès des Européens à l'intérieur et celui des indigènes vers la côte.

« Chaque voie de communication terrestre ou fluviale, chaque tronçon de chemin de fer sera un coup porté à la traite » (2). Les relations commerciales entraînent en même temps que l'échange des produits, l'échange des idées, la civilisation et le progrès.

L'installation des colons apprendra aux « primitifs » la science des « civilisés » et transformera ainsi par une pénétration lente, les peuples de mœurs simples et tranquilles. L'indigène améliorera peu à peu sa situation matérielle, sa vie primitive deviendra moins misérable, il deviendra

1. Binger, *Esclavage, Islamisme et Christianisme.*
2. *Idem.*

notre collaborateur au lieu d'ètre notre ennemi et ainsi « la conquête morale » achèvera l'œuvre de « la conquête matérielle ».

La solution de ce double problème connexe de la traite et de l'esclavage se trouve donc dans l'influence européenne s'étendant partout, et faisant rayonner sur toutes les plages sa lumière de liberté et de solidarilé.

Le plus important, le plus immédiat des devoirs du vieux continent est d'ouvrir le plus possible des voies de pénétration pour arriver à ce but et de lancer sur tous les points du monde barbare ses vaillants explorateurs. En agissant ainsi, il accomplira plus qu'une œuvre de civilisation, ce sera une œuvre de réparation, car de toutes les politiques, celle de l'extension coloniale a été la moins honnête, la plus trouble. Elle a presque toujours été victorieuse au delà des mers, car avec ses vaisseaux, ses fusils à tir rapide il ne lui a été opposé que des flèches et des lances, des fortins de torchis couverts de paille.

Son excuse, est en ce qu'elle obéit et cède inconsciemment à cette loi inéluctable, mystérieuse, qui veut que la lumière triomphe des ténèbres, la civilisation de la barbarie.

Que cette politique réussisse à supprimer en Afrique, les marchés à esclaves, qu'elle en fasse disparaître la vente, l'achat et le transport et

alors il lui sera beaucoup pardonné, car des millions d'êtres humains lui devront la vie et la bé-
niront au lieu de l'accuser.

Vu par le président,
RENAULT.

Vu par l'assesseur,
GÉRARDIN.

TABLE DES MATIÈRES

———

Esclavage antique. — Il est la base de la société économique. — Comment il se recrute. — Tempéraments qu'il reçoit par la loi et par les mœurs. — Sa transformation en servitude de la glèbe. — Le serf au moyen âge. — Le salariat moderne terme de l'évolution

PREMIÈRE PARTIE
La traite coloniale.

CHAPITRE PREMIER

De la traite.

Origine de la traite. — Sa définition. — Sa distinction de l'esclavage. — Son développement dans les nations européennes.

CHAPITRE II

Le droit interne des nations et l'abolition de l'esclavage.

Mouvement en faveur de l'abolition de l'esclavage. — Les précurseurs. — Les mœurs publiques au xviie siècle ; état de l'opinion à cette époque en France. — Edit de 1777. — Décret de février 1793 abolissant l'esclavage en France. — Décret du 27 avril 1848. — Emancipation successive des esclaves en Danemark ; aux Etats-

DEUXIÈME PARTIE
La traite jusqu'à l'acte de Berlin de 1885.

CHAPITRE III
La traite et le droit des gens.

CHAPITRE IV
Du droit de visite en temps de paix.

CHAPITRE V
L'Angleterre, la France et le droit de visite.

TROISIÈME PARTIE

La traite pendant et après la conférence de Berlin.

CHAPITRE VI

L'esclavage oriental et la traite africaine.

CHAPITRE VII

L'Europe et le mouvement africaniste.

CHAPITRE VIII

Mouvement de l'opinion en faveur de l'extension
des mesures protectrices.

CHAPITRE IX

Le Congrès de Bruxelles.

CHAPITRE X

L'acte de Bruxelles et le Parlement français.

CHAPITRE XI

Instructions données et mesures prises par les puissances pour la bonne application de l'Acte de Bruxelles.

Règles pour l'embarquement et la navigation des

CHAPITRE XII

Situation actuelle de la traite.

CHAPITRE XIII

CONCLUSION

De la suppression de l'esclavage.

Laval. — Imprimerie parisienne L. BARNÉOUD & Cie

14 October 9

www.ingramcontent.com/pod-product-compliance
Ingram Content Group UK Ltd.
Pitfield, Milton Keynes, MK11 3LW, UK
UKHW022215120726
13694UKWH00002B/564